CONTES

D'ANDERSEN

PARIS. — TYPOGRAPHIE LAHURE
Rue de Fleurus, 9

CONTES
D'ANDERSEN

TRADUITS DU DANOIS
PAR D. SOLDI

AVEC UNE NOTICE BIOGRAPHIQUE
PAR X. MARMIER
et 40 vignettes par Bertall

QUATRIÈME ÉDITION

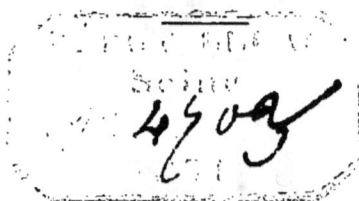

PARIS
LIBRAIRIE HACHETTE ET Cie
BOULEVARD SAINT-GERMAIN, 79

1871
Tous droits réservés

NOTICE SUR ANDERSEN.

Un jour, à Copenhague, je vis entrer dans ma chambre un grand jeune homme dont les manières timides et embarrassées, le maintien un peu lourd, eussent pu déplaire à une petite-maîtresse, mais dont le regard caressant et la physionomie ouverte et candide inspiraient au premier abord la sympathie. C'était Andersen. J'avais un volume de ses œuvres sur ma table. La connaissance entre nous fut bientôt faite. Après avoir passé avec moi plusieurs heures dans une de ces conversations poétiques qui ouvrent le cœur et appellent les épanchements, Andersen me parla des douleurs qu'il avait éprouvées; et, comme je le priai de me raconter sa vie, il me fit le récit suivant :

« Je suis né, me disait-il, en 1805, à Odensée, en Fionie. Mes aïeux avaient été riches; mais, par une longue

suite de malheurs et de fausses spéculations, ils perdirent
tout ce qu'ils possédaient, et il ne leur resta que le dou-
loureux souvenir de leur première condition. J'ai plus
d'une fois entendu ma grand'mère me parler de ses parents d'Allemagne et du luxe qui les entourait. C'était
une triste chose que de la voir ainsi s'entretenir des joies
de la jeunesse dans la pauvre demeure que nous habitions. Mon père, qui, à sa naissance, semblait destiné à
jouir d'un bien-être honorable, fut obligé d'entrer en ap-
prentissage et de se faire cordonnier. Quand il se maria,
il était si pauvre qu'il ne pouvait acheter un lit. Un riche
gentilhomme venait de mourir; on avait exposé son corps
sur un catafalque, et, quelque temps après, ses héritiers
vendirent à l'encan tout ce qui avait servi à ses funérail-
les. Mon père réunit le fruit de ses épargnes et acheta
une partie du catafalque pour en faire un lit de noces. Je
me rappelle encore avoir vu ces grandes draperies noires,
déjà vieilles, déjà usées, et sillonnées par des taches de
cire. C'est là que je suis né. Mon père continuait son état,
qui allait tantôt bien, tantôt mal, selon le temps et selon
les pratiques. Nous vivions dans un état de gêne presque
continuel, mais enfin nous vivions; et le soir, quand
l'heure du repas était venue, quand ma mère posait sur
la table notre frugal souper, il y avait encore parfois entre nous des heures de gaieté que je ne me rappelle pas
sans émotion. Lorsque je fus en âge de travailler, on me
mit dans une fabrique. J'y passais la plus grande partie
du jour. Le reste du temps j'allais à l'école des pauvres,
j'apprenais à lire, à écrire, à compter. Un de nos voisins,

qui m'avait pris en amitié, me prêta quelques livres, et je lus avec ardeur toutes les comédies que je pus me procurer et toutes les biographies d'hommes célèbres. Cette lecture éveilla en moi d'étranges sensations. Je levai les yeux au-dessus de l'état de manœuvre auquel j'étais astreint, et il me sembla que je pouvais aussi devenir un homme célèbre. Mon père mourut lorsque j'avais douze ans; je restai seul avec ma mère, continuant mon travail et mes rêves. J'avais une voix d'une pureté remarquable. Souvent, quand je chantais, le maître d'école m'avait loué, et les passants s'étaient arrêtés pour m'entendre. Je m'étais exercé aussi à réciter quelques-uns des principaux passages que je trouvais dans les comédies; et les voisins, qui assistaient aux répétitions et qui me voyaient faire de si grands gestes et déclamer si haut, affirmaient que j'avais d'admirables dispositions pour devenir acteur. Ma pauvre mère, qui n'avait jamais quitté sa ville natale, qui n'avait jamais rêvé pour moi qu'une honnête profession d'artisan, fondit en larmes en apprenant cette nouvelle : mais je persistai dans ma résolution. J'amassai patiemment schelling par schelling tout ce que je pouvais avoir à ma disposition; et quand je fis un jour la récapitulation de ma caisse, je n'y trouvai pas moins de treize rixdalers (environ trente-trois francs). C'était une fortune, une fortune qui me semblait inépuisable. Je ne songeai plus qu'à partir. Ma mère essaya en vain de m'arrêter. Elle m'avait procuré, disait-elle, une excellente place d'apprenti chez un tailleur : dans peu de temps je pourrais gagner un salaire suffisant pour me faire vivre; dans quelques an-

4   NOTICE SUR ANDERSEN.

nées je pourrais être premier ouvrier; et qui sait? par
suite, je pourrais peut-être avoir une maitrise. Tous ces
riants projets, qui avaient plus d'une fois fait tressaillir
de joie le cœur de ma bonne mère, ne me séduisaient pas.
J'avais quatorze ans, j'étais seul, je ne connaissais personne au monde capable de me protéger: mais une voix
intérieure me disait que je devais partir. Avant de me
donner la permission que je sollicitai d'elle, ma mère
voulut encore faire une épreuve. Il y avait dans la ville
que nous habitions une vieille femme renommée à plusieurs lieues à la ronde pour sa science magique. C'était
notre sibylle de Cumes, notre Meg-Merrilies; et, quoique
les bons chrétiens d'Odensée la regardassent comme un
peu entachée de sorcellerie, tout le monde pourtant avait
recours à elle, et tout le monde parlait d'elle avec une
sorte de vénération; car elle pouvait deviner l'avenir par
le moyen des cartes, par des invocations mystérieuses
qu'on ne comprenait pas. Elle disait aux jeunes filles
quand elles devaient se marier, et aux vieillards combien
de temps durerait l'hiver et comment serait la récolte.
Ma mère alla prier cette parente des enchanteurs de vouloir bien l'honorer d'une visite; et quand elle la vit venir,
elle la prit par la main, la fit asseoir sur le bord de son
lit et lui servit du café dans sa plus belle tasse; puis elle
lui expliqua ma situation et lui demanda conseil. La ma-
gicienne mit ses lunettes sur le bout de son nez, prit ma
main gauche, la regarda attentivement, puis la regarda
encore, et dit, d'une voix solennelle, qu'un jour on illu-
minerait la ville d'Odensée en mon honneur.

« Ces paroles de la sibylle dissipèrent toutes les crain-
tes de ma mère. Elle me donna sa bénédiction, et je par-
tis. Je saluai avec enthousiasme les plaines fécondes qui
se déroulaient à mes regards, la mer qui s'ouvrait devant
moi. Mais quand je fus arrivé au delà du second Belt, je
me jetai à genoux sur le rivage, je fondis en larmes, et
je priai Dieu de ne pas m'abandonner. J'entrai à Copenhague avec mes treize écus dans ma bourse, et tout mon
bagage dans un mouchoir de poche. Je m'installai dans
la première auberge qui s'offrit à ma vue, et, comme je
ne savais rien de la vie pratique, je me fis servir sans
hésiter tout ce dont j'avais besoin. Quelques jours après
j'étais ruiné : il ne me restait qu'un écu. J'avais été me
présenter au directeur du théâtre, qui, me voyant si jeune
et si inexpérimenté, ne se donna même pas la peine de
m'interroger, et répondit que je ne pouvais entrer au
théâtre, *parce que j'étais trop maigre.* Il était temps d'avi-
ser aux moyens de vivre, et je passai de longues heures
à y réfléchir. Un matin, j'appris par hasard qu'un tailleur
cherchait un apprenti. J'allai le trouver ; il me prit à
l'essai et me mit à l'ouvrage. Mais, hélas! à peine y eus-
je passé quelques heures, que je me sentis horriblement
triste et ennuyé. Tous mes rêves d'artiste, assoupis un
instant par la nécessité, se ranimèrent l'un après l'autre. Je rendis au tailleur l'aiguille qu'il m'avait confiée,
et je descendis dans la rue avec la joie d'un captif qui
recouvre sa liberté. Je commençais pourtant à comprendre que toutes mes fantaisies poétiques ne me procure-
raient pas la plus petite place dans les hôtels de Copen-

hague et qu'il fallait me chercher un emploi, m'astreindre
au travail. Tandis que je m'en allais ainsi cheminant le
long de l'Amagertorv, en songeant à ce que je pourrais
devenir, je me rappelai qu'on avait souvent, à Odensée,
vanté ma voix, et il me sembla que c'était là un don du
ciel dont je devais savoir profiter. Je m'en allai du même
pas frapper à la porte de notre célèbre professeur de musique, Siboni. Je racontai naïvement, à la domestique qui
vint m'ouvrir, toute mon histoire et toutes mes espérances. Elle rapporta fidèlement mon récit à son maître,
et j'entendis de grands éclats de rire. Siboni avait ce
jour-là plusieurs personnes à dîner chez lui, entre autres
Weyse, le compositeur, et Baggesen, le poëte. Tout le
monde voulut voir cet étrange voyageur qui s'en venait
ainsi chercher fortune, et l'on me fit entrer. Weyse me
prit par la main, Baggesen me frappa sur la joue en riant
et en m'appelant petit aventurier. Siboni, après m'avoir
entendu chanter, résolut de m'enseigner la musique et
de me faire entrer à l'Opéra. Je sortis de cette maison
avec l'ivresse dans l'âme. Tous mes songes d'artiste allaient donc se réaliser, la vie s'ouvrait devant moi avec
des couronnes de fleurs et de chants harmonieux; et le
lendemain, Weyse, qui avait fait une collecte chez ses
amis, m'apporta soixante-dix écus. Il m'engagea à me
mettre sérieusement au travail, à me chercher une demeure au sein d'une famille honnête; et je tombai dans
un mauvais gîte. Mais je n'y restai pas longtemps. Je
perdis un jour ma voix et toutes mes espérances. Siboni
voulait que je m'en retournasse à Odensée; moi je vou-

lais rester et devenir acteur. J'entrai à l'école de danse
du théâtre; je figurai dans quelques ballets. Je remplis-
sais gauchement mon rôle, hélas ! et j'étais malheureux.
Je ne gagnais pas plus de six francs par mois, et, dans
les jours rigoureux d'hiver, je n'avais qu'un pantalon de
toile. Mais j'espérais toujours que la voix me reviendrait.
Je voulais être acteur à tout prix, et, quand je rentrais
dans ma chétive mansarde, je m'enveloppais dans la couverture de mon lit pour me réchauffer; je lisais et je ré-
pétais des rôles de comédie. A cette époque, j'avais encore
toute la candeur, toute l'ignorance et toutes les naïves
superstitions d'un enfant. J'avais entendu dire que ce
qu'on faisait le 1er janvier, on le faisait ordinairement
toute l'année. Je me dis que, si je pouvais entrer le
1er janvier sur le théâtre, ce serait d'un bon augure. Ce
jour-là, tandis que toutes les voitures circulaient dans
les rues, tandis que les parents allaient voir leurs parents
et les amis leurs amis, je me glissai par une porte déro-
bée dans la coulisse, je m'avançai sur la scène. Mais alors
le sentiment de ma misère me saisit tellement, qu'au
lieu de prononcer le discours que j'avais préparé, je
tombai à genoux et je récitai en pleurant mon *Pater
noster*.

« Cependant mon sort allait changer; le vieux poëte
Güldberg m'avait pris en affection. Il me donna les ho-
noraires d'un livre qu'il venait de publier; il me fit venir
chez lui, et m'engagea à lire des ouvrages instructifs,
puis à écrire. Mon éducation élémentaire n'était pas encore faite; j'ignorais jusqu'aux règles grammaticales de

ma langue, et quand je voulus m'exercer à écrire, j'écrivis une tragédie. Guldberg la lut, et la condamna d'um
trait de plume. Je me remis aussitôt à l'œuvre, et dans
l'espace de huit jours j'en écrivis une autre que j'adressai
à la commission théâtrale. Quelque temps après, M. Collin, directeur du théâtre, m'engagea à passer chez lui. Il
me dit que ma tragédie ne pouvait être jouée, mais qu'elle
annonçait des dispositions, et qu'il avait obtenu pour moi
une bourse dans un gymnase de petite ville.

« Dès ce moment, j'entrai dans la vie sérieuse. J'allais
chercher l'instruction dont j'avais besoin, j'allais poser
les bases de mon avenir. Jusque-là je n'avais eu qu'une
existence incertaine et hasardée : je devais marcher désormais par un sentier plus ferme. Je le compris, et je
remerciai M. Collin avec toute l'effusion d'un cœur reconnaissant. Mais le temps que j'ai passé à cette école,
où j'entrai par une faveur spéciale, est celui qui me pèse
encore le plus sur le cœur : jamais je n'ai tant souffert,
jamais je n'ai tant pleuré. J'avais dix-neuf ans; je commençais mes études avec des écoliers de dix ans, parmi
lesquels je ne pouvais trouver ni un camarade ni un ami.
J'étais seul dans la maison du recteur, et cet homme
semblait avoir pris à tâche de m'humilier, de me faire
sentir à toute heure le poids de ma pauvreté et de mon
isolement. Que Dieu lui pardonne d'avoir traité avec tant
de barbarie l'orphelin sans défense qui lui était confié !
Pour moi, je lui ai pardonné depuis longtemps, et je me
souviens sans colère et sans haine qu'il a fait pour moi
ce qui me semblait impossible : il m'a fait regretter les

jours d'hiver où je gagnais six francs par mois, où je n'avais pas de feu pour me réchauffer et point de vêtements pour me couvrir.

« Enfin ce temps d'épreuves passa. Je subis mes examens d'une manière satisfaisante. J'entrai à l'université de Copenhague, et je fus noté comme un bon élève. J'avais publié quelques poésies dont on parla dans le monde. Plusieurs hommes distingués me prirent sous leur patronage; plusieurs maisons me furent ouvertes. Je continuai mes études avec calme, avec joie. Je ne savais encore où elles me mèneraient, mais je sentais le besoin de m'instruire. Quand elles furent terminées, OEhlenschlœger, OErstedt, Ingemann, me recommandèrent au roi. J'obtins par leur entremise ce que nous appelons un *stipende* de voyage (reise stipendium). Je visitai, en 1833 et 1834, l'Allemagne, la Suisse, la France, l'Italie, étudiant la langue, les mœurs, la poésie des lieux où je passais. Maintenant me voilà bourgeois de Copenhague. Je n'ai ni place ni pension, j'écris dans une langue peu répandue et pour un public peu nombreux; mais tôt ou tard les romans que j'écris s'écoulent, et Reitzel, le libraire, me paye exactement. Souvent, quand je regarde les jolis rideaux qui décorent ma chambre de Nyhavn et les livres qui m'entourent, je me crois plus riche qu'un prince. Je bénis la Providence des voies par lesquelles elle m'a conduit et du sort qu'elle m'a fait. »

Dans l'espace de quelques années, Andersen a publié plusieurs ouvrages qui lui ont assuré une place honorable parmi les écrivains du Danemark. Il est jeune encore;

il a compris le besoin d'étudier pour écrire, et ses der-
nières poésies, ses derniers romans, annoncent un progrès. Comme romancier, il ne manque pas d'une certaine
facilité d'invention. Il a tracé avec bonheur des caractè-
res originaux, des situations vraies et dramatiques. Il sait
observer, il sait peindre et jeter sur toutes ses peintures
un coloris poétique. Il a surtout le grand talent de pénétrer dans la vie du peuple, de la sentir et de la représen-
ter sous ses différentes faces. Son *Improvisateur* est un
tableau vif et animé d'une existence aventureuse d'artiste
au milieu de la nature italienne, au milieu d'une populace ignorante et passionnée, au milieu des ruines anti-
ques, des magnifiques scènes de la campagne de Rome et
des environs de Naples. Son roman qui a pour titre *O. T.*
est une peinture un peu moins animée, mais non moins
attrayantes, des sites de la Fionie, des mœurs danoises.
Ces deux romans représentent très-bien le contraste des
deux natures du Midi et du Nord. Le premier a toutes les
teintes chaudes d'un paysage napolitain ; le second a plus
de repos et des nuances plus tendres. Il ressemble à une
de ces plaines du Danemark qu'on voit en automne éclairées par un beau soleil et ombragées çà et là par quelques
rameaux d'arbres qui commencent à jaunir. Le style d'Andersen a de la souplesse et de l'abandon, mais il pourrait
être plus ferme et plus concis.

Comme poëte, Andersen appartient à cette école mélancolique et rêveuse qui préfère aux grands poëmes les vers
plaintifs sortis du cœur comme un soupir et les élégies
d'amour composées dans une heure d'isolement. Il a es-

sayé d'écrire quelques pièces humoristiques; mais il nous semble que sa muse ne sait pas rire et qu'elle s'accommode mal de ce masque d'emprunt qu'il a voulu lui donner. Sa vraie nature est de s'associer aux scènes champêtres qu'il observe. Il est poëte quand il chante les forêts éclairées par un dernier rayon du crépuscule, les oiseaux endormis sous la feuillée et la douce et vague tristesse qui nous vient à l'esprit dans les ombres du soir. Il est poëte quand il représente la vie comme une terre étrangère, où l'homme se sent mal à l'aise et aspire à retourner dans sa lointaine patrie. Il est poëte, surtout, quand il chante, comme les lakistes, la grâce, l'amour et le bonheur des enfants ; car sa poésie est élégiaque, tendre, religieuse, mais parfois un peu trop molle, trop négligée et trop enfantine.

Nous joignons à cette notice la liste des principaux ouvrages publiés par Andersen :

Fodreisen fra Holmens Kanal til Oestpynten af Amager (Voyage à pied du canal de Holm à la pointe orientale d'Amager), 1828.

Digte (Poésies), 1830.

Skyggebilleder af en Reise tit Harzen (Scènes de voyage dans le Harz, la Suisse saxonne, etc.), 1831.

Aarets tolv Maaneden (Les douze mois de l'année), 1833.

Samlede Digte (Recueil de poésies), 1833.

Improvisatoren (L'Improvisateur), roman en 2 vol., 1837.

O. T., roman en 2 vol., 1837.

Kun en Spillemand (Un simple violon), roman en 3 vol., 1838.

Erentyre fortalte for Børn (Aventures racontées pour les enfants), 2 vol., 1839.

Billedbog uden Billeder (Livre d'images sans images), 1840.

Plusieurs pièces de théâtre, vaudevilles, drames, comédies,
et divers articles dans les journaux de Copenhague.

La plupart des œuvres d'Andersen ont été traduites en
allemand, en suédois, en anglais. Son *Improvisateur* a
été traduit en français.

Ses *Contes pour les enfants* ont eu en Angleterre, en Allemagne et dans tout le Nord un succès populaire.

X. MARMIER.

L'INTRÉPIDE SOLDAT DE PLOMB.

Il y avait une fois vingt-cinq soldats de plomb, tous frères, car ils étaient nés d'une vieille cuiller de plomb. L'arme au bras, l'œil fixe, l'uniforme rouge et bleu, quelle fière mine ils avaient tous ! La première chose qu'ils entendirent en ce monde, quand fut enlevé le couvercle de la boîte qui les renfermait, ce fut ce cri : « Des soldats de plomb ! » que poussait un petit garçon en battant des mains. On les lui avait donnés en cadeau pour sa fête, et il s'amusait à les ranger sur la table. Tous les soldats se ressemblaient parfaitement, à l'exception d'un seul, qui n'avait qu'une jambe : on l'avait jeté dans le moule le dernier, et il ne restait pas assez de plomb. Cependant il se tenait aussi ferme sur cette jambe que les autres sur deux, et c'est lui précisément qu'il nous importe de connaître.

Sur la table où étaient rangés nos soldats, il se trouvait beaucoup d'autres joujoux ; mais ce qu'il y avait de plus curieux, c'était un charmant château de papier. A travers les petites fenêtres, on pouvait voir jusque dans les salons. Au dehors se dressaient de petits arbres autour d'un petit miroir imitant un petit lac ; des cignes en cire y nageaient et s'y réflétaient. Tout cela était bien gentil : mais ce qu'il y avait de bien plus gentil encore, c'était une petite demoiselle debout à la porte ouverte du château. Elle aussi était de papier ; mais elle portait un jupon de linon transparent et très-léger, et au-dessus de l'épaule, en guise d'écharpe, un petit ruban bleu, étroit, au milieu duquel étincelait une paillette aussi grande que sa figure. La petite demoiselle tenait ses deux bras étendus, car c'était une danseuse, et elle levait une jambe si haut dans l'air, que le petit soldat de plomb ne put la découvrir, et s'imagina que la demoiselle n'avait comme lui qu'une jambe.

« Voilà une femme qui me conviendrait, pensa-t-il, mais elle est trop grande dame. Elle habite un château, moi une boîte, en compagnie de vingt-quatre camarades, et je n'y trouverais pas même une place pour elle. Cependant il faut que je fasse sa connaissance. »

Et, ce disant, il s'étendit derrière une tabatière. Là, il pouvait à son aise regarder l'élégante petite dame, qui toujours se tenait sur une jambe, sans perdre l'équilibre.

Le soir, tous les autres soldats furent remis dans leur boîte, et les gens de la maison allèrent se coucher. Aussitôt les joujoux commencèrent à s'amuser tout seuls : d'abord ils jouèrent à colin-maillard, puis ils se firent la guerre, enfin ils donnèrent un bal. Les soldats de plomb s'agitaient dans leur boite, car ils auraient bien voulu en être ; mais comment soulever le couvercle ? Le casse-noisette fit des culbutes, et le crayon traça mille folies sur son ardoise. Le bruit devint si fort que le serin se réveilla et se mit à chanter. Les seuls qui ne bougeassent pas étaient le soldat de plomb et la petite danseuse. Elle se tenait toujours sur la pointe du pied, les bras étendus ; lui intrépidement sur son unique jambe, et sans cesser de l'épier.

Minuit sonna, et crac ! voilà le couvercle de la tabatière qui saute ; mais, au lieu de tabac, il y avait un petit sorcier noir. C'était un jouet à surprise.

« Soldat de plomb, dit le sorcier, tâche de porter ailleurs tes regards! »

Mais le soldat fit semblant de ne pas entendre.

« Attends jusqu'à demain, et tu verras! » reprit le sorcier. ·

Le lendemain, lorsque les enfants furent levés, ils placèrent le soldat de plomb sur la fenêtre; mais tout à coup, enlevé par le sorcier ou par le vent, il s'envola du troisième étage, et tomba la tête la première sur le pavé. Quelle terrible chute! Il se trouva la jambe en l'air, tout son corps portant sur son shako, et la baïonnette enfoncée entre deux pavés.

La servante et le petit garçon descendirent pour le chercher, mais ils faillirent l'écraser sans le voir. Si le soldat eût crié : « Prenez garde! » ils l'auraient bien trouvé; mais il jugea que ce serait déshonorer l'uniforme.

La pluie commença à tomber, les gouttes se suivirent bientôt sans intervalle; ce fut alors un vrai déluge. Après l'orage, deux gamins vinrent à passer :

« Ohé! dit l'un, par ici! Voilà un soldat de plomb, faisons-le naviguer. »

Ils construisirent un bateau avec un vieux journal, mirent dedans le soldat de plomb, et lui firent descendre le ruisseau. Les deux gamins couraient à côté et battaient des mains. Quels flots, grand Dieu! dans ce ruisseau! Que le courant y était fort! Mais aussi il avait plu à verse. Le bateau de papier était étrangement balloté; mais, malgré tout ce fracas, le soldat de plomb restait impassible, le regard fixe et l'arme au bras.

Tout à coup le bateau fut poussé dans un petit canal où il faisait aussi noir que dans la boîte aux soldats.

« Où vais-je maintenant? pensa-t-il. Oui, oui, c'est le sorcier qui me fait tout ce mal. Cependant, si la petite demoiselle était dans le bateau avec moi, l'obscurité fût-elle deux fois plus profonde, cela ne me ferait rien. »

Bientôt un gros rat d'eau se présenta; c'était un habitant du canal :

« Voyons ton passe-port, ton passe-port! »

Mais le soldat de plomb garda le silence et serra son fusil. La barque continua sa route, et le rat la poursuivit. Ouf! il grinçait des dents, et criait aux pailles et aux petits bâtons : « Arrêtez-le, arrêtez-le! il n'a pas payé son droit de passage, il n'a pas montré son passe-port.»

Mais le courant devenait plus fort, toujours plus fort; déjà le soldat apercevait le jour, mais il entendait en même temps un murmure capable d'effrayer l'homme le plus intrépide. Il y avait au bout du canal une chute d'eau, aussi dangereuse pour lui que l'est pour nous une cataracte. Il en était déjà si près qu'il ne pouvait plus s'arrêter. La barque s'y lança : le pauvre soldat s'y tenait aussi roide que possible, et personne n'eût osé dire qu'il clignait seulement des yeux. La barque, après avoir tournoyé plusieurs fois sur elle-même, s'était remplie d'eau ; elle allait s'engloutir. L'eau montait jusqu'au cou du soldat, la barque s'enfonçait de plus en plus. Le papier se déplia, et l'eau se referma tout à coup sur la tête de notre homme. Alors il pensa à la gentille petite danseuse qu'il ne reverrait jamais, et crut entendre une voix qui chantait :

> Soldat, le péril est grand ;
> Voici la mort qui t'attend!

Le papier se déchira, et le soldat passa au travers. Au même instant il fut dévoré par un grand poisson

C'est alors qu'il faisait noir pour le malheureux! C'était pis encore que dans le canal. Et puis comme il y était serré! Mais toujours intrépide, le soldat de plomb s'étendit de tout son long, l'arme au bras.

Le poisson s'agitait en tous sens et faisait d'affreux mouvements ; enfin il s'arrêta, et un éclair parut le transpercer. Le jour se laissa voir, et quelqu'un s'écria : « Un soldat de plomb ! » Le poisson avait été pris, exposé au marché, vendu, porté dans la cuisine, et la cuisinière l'avait ouvert avec un grand couteau. Elle prit avec deux

doigts le soldat de plomb par le milieu du corps, et l'apporta dans la chambre, où tout le monde voulut contempler cet homme remarquable qui avait voyagé dans le ventre d'un poisson. Cependant le soldat n'en était pas fier. On le plaça sur la table, et là — comme il arrive parfois des choses bizarres dans le monde ! — il se trouva dans la même chambre d'où il était tombé par la fenêtre. Il reconnut les enfants et les jouets qui étaient sur la table, le charmant château avec la gentille petite danseuse ; elle tenait toujours une jambe en l'air, elle aussi était intrépide. Le soldat de plomb fut tellement touché qu'il aurait voulu pleurer du plomb, mais cela n'était pas convenable. Il la regarda, elle le regarda aussi, mais ils ne se dirent pas un mot.

Tout à coup un petit garçon le prit, et le jeta au feu sans la moindre raison ; c'était sans doute le sorcier de la tabatière qui en était la cause.

Le soldat de plomb était là debout, éclairé d'une vive lumière, éprouvant une chaleur horrible. Toutes ses couleurs avaient disparu ; personne ne pouvait dire si c'étaient les suites du voyage ou le chagrin. Il regardait toujours la petite demoiselle, et elle aussi le regardait. Il se sentait fondre ; mais, toujours intrépide, il tenait l'arme au bras. Soudain s'ouvrit une porte, le vent enleva la danseuse, et, pareille à une sylphide, elle vola sur le feu près du soldat, et disparut en flammes. Le soldat de plomb était devenu une petite masse.

Le lendemain, lorsque la servante vint enlever les cendres, elle trouva un objet qui avait la forme d'un petit cœur de plomb ; tout ce qui était resté de la danseuse, c'était une paillette, que le feu avait rendue toute noire.

« C'est charmant, » répondit le ministre. (Page 23.)

LES HABITS NEUFS DU GRAND-DUC.

Il y avait autrefois un grand-duc qui aimait tant les habits neufs, qu'il dépensait tout son argent à sa toilette. Lorsqu'il passait ses soldats en revue, lorsqu'il allait au spectacle ou à la promenade, il n'avait d'autre but que de montrer ses habits neufs. A chaque heure de la journée, il changeait de vêtements, et comme on dit d'un roi : « Il est au conseil, » on disait de lui : « Le grand-duc est à sa garde-robe. » La capitale était une ville bien gaie, grâce à la quantité d'étrangers qui passaient; mais un jour il y vint aussi deux fripons qui se donnèrent pour des tisserands et déclarèrent savoir tisser la plus magnifique étoffe du monde. Non-seulement les couleurs et le dessin étaient extraordinairement beaux, mais les vêtements confectionnés avec cette étoffe possédaient une qualité merveilleuse : ils devenaient invisibles pour toute personne qui ne savait pas bien exercer son emploi ou qui avait l'esprit trop borné.

« Ce sont des habits impayables, pensa le grand-duc; grâce à eux, je pourrai connaître les hommes incapables de mon gouvernement : je saurai distinguer les habiles des niais. Oui, cette étoffe m'est indispensable. »

Puis il avança aux deux fripons une forte somme afin qu'ils pussent commencer immédiatement leur travail.

Ils dressèrent en effet deux métiers, et firent semblant de travailler, quoiqu'il n'y eût absolument rien sur les bobines. Sans cesse ils demandaient de la soie fine et de l'or magnifique; mais ils mettaient tout cela dans leur sac, travaillant jusqu'au milieu de la nuit avec des métiers vides.

« Il faut cependant que je sache où ils en sont, » se dit le grand-duc.

Mais il se sentait le cœur serré en pensant que les personnes niaises ou incapables de remplir leurs fonctions ne pourraient voir l'étoffe. Ce n'était pas qu'il doutât de lui-même; toutefois il jugea à propos d'envoyer quelqu'un pour examiner le travail avant lui. Tous les habitants de la ville connaissaient la qualité merveilleuse de l'étoffe, et tous brûlaient d'impatience de savoir combien leur voisin était borné ou incapable.

« Je vais envoyer aux tisserands mon bon vieux ministre, pensa le grand-duc, c'est lui qui peut le mieux juger l'étoffe; il se distingue autant par son esprit que par ses capacités. »

L'honnête vieux ministre entra dans la salle où les deux imposteurs travaillaient avec les métiers vides.

« Bon Dieu! pensa-t-il en ouvrant de grands yeux, je ne vois rien. » Mais il n'en dit mot.

Les deux tisserands l'invitèrent à s'approcher, et lui demandèrent comment il trouvait le dessin et les couleurs. En même temps ils montrèrent leurs métiers, et le vieux ministre y fixa ses regards; mais il ne vit rien, par la raison bien simple qu'il n'y avait rien.

« Bon Dieu! pensa-t-il, serais-je vraiment borné? Il faut que personne ne s'en doute. Serais-je vraiment incapable? Je n'ose avouer que l'étoffe est invisible pour moi.

— Eh bien! qu'en dites-vous? dit l'un des tisserands.

— C'est charmant, c'est tout à fait charmant! répondit le ministre en mettant ses lunettes. Ce dessin et ces couleurs.... oui, je dirai au grand-duc que j'en suis très-content.

— C'est heureux pour nous, » dirent les deux tisserands; et ils se mirent à lui montrer des couleurs et des dessins imaginaires en leur donnant des noms. Le vieux ministre prêta la plus grande attention, pour répéter au grand-duc toutes leurs explications.

Les fripons demandaient toujours de l'argent, de la soie et de l'or; il en fallait énormément pour ce tissu. Bien entendu qu'ils empochèrent le tout; le métier restait vide et ils travaillaient toujours.

Quelque temps après, le grand-duc envoya un autre fonctionnaire honnête pour examiner l'étoffe et voir si elle s'achevait. Il arriva à ce nouveau député la même chose qu'au ministre; il regardait et regardait toujours, mais ne voyait rien.

« N'est-ce pas que le tissu est admirable? demandèrent les deux imposteurs en montrant et expliquant le superbe dessin et les belles couleurs qui n'existaient pas.

— Cependant je ne suis pas niais! pensait

l'homme. C'est donc que je ne suis pas capable de remplir ma place? C'est assez drôle, mais je prendrai bien garde de la perdre. »

Puis il fit l'éloge de l'étoffe, et témoigna toute son admiration pour le choix des couleurs et le dessin.

« C'est d'une magnificence incomparable, » dit-il au grand-duc, et toute la ville parla de cette étoffe extraordinaire.

Enfin, le grand-duc lui-même voulut la voir pendant qu'elle était encore sur le métier. Accompagné d'une foule d'hommes choisis, parmi lesquels se trouvaient les deux honnêtes fonctionnaires, il se rendit auprès des adroits filous qui tissaient toujours, mais sans fil de soie ni d'or, ni aucune espèce de fil.

« N'est-ce pas que c'est magnifique! dirent les deux honnêtes fonctionnaires. Le dessin et les couleurs sont dignes de Votre Altesse. »

Et ils montrèrent du doigt le métier vide, comme si les autres avaient pu y voir quelque chose.

« Qu'est-ce donc? pensa le grand-duc, je ne vois rien. C'est terrible. Est-ce que je ne serais qu'un niais? Est-ce que je serais incapable de gouverner? Jamais rien ne pouvait m'arriver de plus malheureux. » Puis tout à coup il s'écria : C'est magnifique! J'en témoigne ici toute ma satisfaction. »

Il hocha la tête d'un air content, et regarda le métier sans oser dire la vérité. Tous les gens de sa suite regardèrent de même, les uns après les autres, mais sans rien voir, et ils répétaient comme le grand-duc : « C'est magnifique ! » Ils lui conseillèrent même de revêtir cette nouvelle étoffe à la première grande procession. « C'est magnifique ! c'est charmant ! c'est admirable ! » exclamaient toutes les bouches, et la satisfaction était générale.

Les deux imposteurs furent décorés, et reçurent le titre de gentilshommes tisserands.

Toute la nuit qui précéda le jour de la procession, ils veillèrent et travaillèrent à la clarté de seize bougies. La peine qu'ils se donnaient était visible à tout le monde. Enfin, ils firent semblant d'ôter l'étoffe du métier, coupèrent dans l'air avec de grands ciseaux, cousirent avec une aiguille sans fil, après quoi ils déclarèrent que le vêtement était achevé.

Le grand-duc, suivi de ses aides de camp, alla l'examiner, et les filous, levant un bras en l'air comme s'ils tenaient quelque chose, dirent :

« Voici le pantalon, voici l'habit, voici le manteau. C'est léger comme de la toile d'araignée. Il n'y a pas de danger que cela vous pèse sur le corps, et voilà surtout en quoi consiste la vertu de cette étoffe.

— Certainement, répondirent les aides de camp; mais ils ne voyaient rien, puisqu'il n'y avait rien.

— Si Votre Altesse daigne se déshabiller, dirent

les fripons, nous lui essayerons les habits devant la grande glace. »

Le grand-duc se déshabilla, et les fripons firent semblant de lui présenter une pièce après l'autre.

Ils lui prirent le corps comme pour lui attacher quelque chose. Il se tourna et se retourna devant la glace.

« Grand Dieu ! que cela va bien ! quelle coupe élégante ! s'écrièrent tous les courtisans. Quel dessin ! quelles couleurs ! quel précieux costume ! »

Le grand maître des cérémonies entra.

« Le dais sous lequel Votre Altesse doit assister à la procession est à la porte, dit-il.

— Bien ! je suis prêt, répondit le grand-duc. Je crois que je ne suis pas mal ainsi. »

Et il se tourna encore une fois devant la glace pour bien regarder l'effet de sa splendeur.

Les chambellans qui devaient porter la queue firent semblant de ramasser quelque chose par terre ; puis ils élevèrent les mains, ne voulant pas convenir qu'ils ne voyaient rien du tout.

Tandis que le grand-duc cheminait fièrement à la procession sous son dais magnifique, tous les hommes, dans la rue et aux fenêtres, s'écriaient : « Quel superbe costume ! Comme la queue en est gracieuse ? Comme la coupe en est parfaite ! » Nul ne voulait laisser voir qu'il ne voyait rien ; il aurait été déclaré niais ou incapable de remplir un emploi. Jamais les habits du grand-duc n'avaient excité une telle admiration.

« Mais il me semble qu'il n'a pas du tout d'habit, observa un petit enfant.

— Seigneur Dieu, entendez la voix de l'innocence ! » dit le père.

Et bientôt on chuchota dans la foule en répétant les paroles de l'enfant.

« Il y a un petit enfant qui dit que le grand-duc n'a pas d'habit du tout !

— Il n'a pas du tout d'habit ! » s'écria enfin tout le peuple.

Le grand-duc en fut extrèmement mortifié, car il lui semblait qu'ils avaient raison. Cependant il se raisonna et prit sa résolution :

« Quoi qu'il en soit, il faut que je reste jusqu'à la fin ! »

Puis, il se redressa plus fièrement encore, et les chambellans continuèrent à porter avec respect la queue qui n'existait pas.

LA BERGÈRE ET LE RAMONEUR.

Avez-vous jamais vu une de ces armoires anti-
ques, toutes noires de vieillesse, à enroulements
et à feuillage? C'était précisément une de ces armoires qui se trouvait dans la chambre : elle venait de la trisaïeule, et de haut en bas elle était
ornée de roses et de tulipes sculptées. Mais ce
qu'il y avait de plus bizarre, c'étaient les enroulements, d'où sortaient de petites têtes de cerf avec
leurs grandes cornes. Au milieu de l'armoire on

voyait sculpté un homme d'une singulière apparence : il ricanait toujours, car on ne pouvait pas
dire qu'il riait. Il avait des jambes de bouc, de
petites cornes à la tête et une longue barbe. Les
enfants l'appelaient le Grand-général-commandant-en-chef-Jambe-de-Bouc, nom qui peut paraître long et difficile, mais titre dont peu de
personnes ont été honorées jusqu'à présent. Enfin,
il était là, les yeux toujours fixés sur la console
placée sous la grande glace, où se tenait debout
une gracieuse petite bergère de porcelaine. Elle
portait des souliers dorés, une robe parée d'une
rose toute fraîche, un chapeau d'or et une hou-
lette : elle était charmante. Tout à côté d'elle se
trouvait un petit ramoneur noir comme du charbon, mais pourtant de porcelaine aussi. Il était
aussi gentil, aussi propre que vous et moi ; car il
n'était en réalité que le portrait d'un ramoneur.
Le fabricant de porcelaine aurait tout aussi bien
pu faire de lui un prince ; ce qui lui aurait été
vraiment bien égal.

Il tenait gracieusement son échelle sous son bras,
et sa figure était rouge et blanche comme celle
d'une petite fille ; ce qui ne laissait pas d'être un
défaut qu'on aurait pu éviter en y mettant un peu
de noir. Il touchait presque la bergère : on les
avait placés où ils étaient, et, là où on les avait
posés, il s'étaient fiancés. Aussi l'un convenait

très-bien à l'autre : c'étaient des jeunes gens faits
de la même porcelaine et tous deux également
faibles et fragiles.

Non loin d'eux se trouvait une autre figure trois
fois plus grande : c'était un vieux Chinois qui savait hocher la tête. Lui aussi était en porcelaine;
il prétendait être le grand-père de la petite bergère, mais il n'avait jamais pu le prouver. Il soutenait qu'il avait tout pouvoir sur elle, et c'est
pourquoi il avait répondu par un aimable hochement de tête au Grand-général-commandant-en-
chef-Jambe-de-Bouc, qui avait demandé la main
de la petite bergère.

« Quel mari tu auras là! dit le vieux Chinois,
quel mari! Je crois quasi qu'il est d'acajou. Il fera
de toi madame la Grande-générale-commandante-
en-chef-Jambe-de-Bouc; il a toute son armoire
remplie d'argenterie, sans compter ce qu'il a caché dans les tiroirs secrets.

— Je n'entrerai jamais dans cette sombre armoire, dit la petite bergère; j'ai entendu dire qu'il
y a dedans onze femmes de porcelaine.

— Eh bien! tu seras la douzième, dit le Chinois.
Cette nuit, dès que la vieille armoire craquera, on
fera la noce, aussi vrai que je suis un Chinois. »

Et là-dessus il hocha la tête et s'endormit.

Mais la petite bergère pleurait en regardant son
bien-aimé le ramoneur.

« Je t'en prie, dit-elle, aide-moi à m'échapper dans le monde, nous ne pouvons plus rester ici.

— Je veux tout ce que tu veux, dit le petit ramoneur. Sauvons-nous tout de suite ; je pense bien que je saurai te nourrir avec mon état.

— Pourvu que nous descendions heureusement de la console, dit-elle. Je ne serai jamais tranquille tant que nous ne serons pas hors d'ici. »

Et il la rassura, et il lui montra comment elle devait poser son petit pied sur les rebords sculptés et sur le feuillage doré. Il l'aida aussi avec son échelle, et bientôt ils atteignirent le plancher. Mais en se retournant vers la vieille armoire, ils virent que tout y était en révolution. Tous les cerfs sculptés allongeaient la tête, dressaient leurs bois et tournaient le cou. Le Grand-général-commandant-en-chef-Jambe-de-Bouc fit un saut et cria au vieux Chinois : « Les voilà qui se sauvent ! ils se sauvent ! »

Alors ils eurent peur et se réfugièrent dans le tiroir du marchepied de la fenêtre.[1]

Là se trouvaient trois ou quatre jeux de cartes dépareillés et incomplets, puis un petit théâtre qui avait été construit tant bien que mal. On y jouait précisément une comédie, et toutes les dames,

---

1. En Allemagne, on monte souvent à la fenêtre par une marche en bois dans laquelle est pratiqué un tiroir.

qu'elles appartiennent à la famille des carreaux
ou des piques, des cœurs ou des trèfles, étaient
assises aux premiers rangs et s'éventaient avec
leurs tulipes; et derrière elles se tenaient tous
les valets, qui avaient à la fois une tête en l'air
et l'autre en bas, comme sur les cartes à jouer.
Il s'agissait dans la pièce de deux jeunes gens qui
s'aimaient, mais qui ne pouvaient arriver à se marier. La bergère pleura beaucoup, car elle croyait
que c'était sa propre histoire.

« Ça me fait trop de mal, dit-elle, il faut que je
quitte le tiroir. »

Mais lorsqu'ils mirent de nouveau le pied sur le
plancher et qu'ils jetèrent les yeux sur la console,
ils aperçurent le vieux Chinois qui s'était réveillé
et qui se démenait violemment.

« Voilà le vieux Chinois qui accourt! s'écria la
petite bergère, et elle tomba sur ses genoux de
porcelaine, tout à fait désolée.

— J'ai une idée, dit le ramoneur. Nous allons
nous cacher au fond de la grande cruche qui est
là dans le coin. Nous y coucherons sur des roses
et sur des lavandes, et s'il vient, nous lui jetterons
de l'eau aux yeux.

— Non, ce serait inutile, lui répondit-elle. Je
sais que le vieux Chinois et la Cruche ont été
fiancés, et il reste toujours un fond d'amitié après
de pareilles relations, même longtemps après.

Non, il ne nous reste pas d'autre ressource que de nous échapper dans le monde.

— Et en as-tu réellement le courage? dit le ramoneur. As-tu songé comme le monde est grand, et que nous ne pourrons plus jamais revenir ici?

— J'ai pensé à tout, » répliqua-t-elle.

Et le ramoneur la regarda fixement, et dit ensuite : « Le meilleur chemin pour moi est par la cheminée. As-tu réellement le courage de te glisser avec moi dans le poêle et de grimper le long des tuyaux? C'est par là seulement que nous arriverons dans la cheminée, et là je saurai bien me retourner. Il faudra monter aussi haut que possible, et tout à fait au haut nous parviendrons à un trou par lequel nous entrerons dans le monde. »

Il la conduisit à la porte du poêle : « Dieu ! qu'il y fait noir ! » s'écria-t-elle.

Cependant elle l'y suivit, et de là dans les tuyaux, où il faisait une nuit noire comme la suie.

« Nous voilà maintenant dans la cheminée, dit il. Regarde, regarde là-haut la magnifique étoile qui brille. »

Il y avait en effet au ciel une étoile qui semblait par son éclat leur montrer le chemin : ils grimpaient, ils grimpaient toujours. C'était une route affreuse, si haute, si haute ! mais il la soulevait, il la soutenait, et lui montrait les meilleurs endroits où mettre ses petits pieds de porcelaine.

Ils arrivèrent ainsi jusqu'au rebord de la cheminée où ils s'assirent pour se reposer, tant ils étaient fatigués : et ils avaient bien de quoi l'être !

Le ciel avec toutes ses étoiles s'étendait au-dessus d'eux, et les toits de la ville s'inclinaient bien au-dessous. Ils promenèrent leur regard très-loin tout autour d'eux, bien loin dans le monde. La petite bergère ne se l'était jamais figuré si vaste : elle appuyait sa petite tête sur le ramoneur et pleurait si fort que ses larmes tachèrent sa ceinture.

« C'est trop, dit-elle ; c'est plus que je n'en puis supporter. Le monde est trop immense : oh ! que ne suis-je encore sur la console près de la glace ! Je ne serai pas heureuse avant d'y être retournée. Je t'ai suivi dans le monde ; maintenant ramène-moi là-bas, si tu m'aimes véritablement. »

Et le ramoneur lui parla raison ; il lui rappela le vieux Chinois, et le Grand-général-commandant-en-chef-Jambe-de-Bouc. Mais elle sanglotait si fort, et elle embrassa si bien son petit ramoneur, qu'il ne put faire autrement que de lui céder, quoique ce fût insensé.

Ils se mirent à descendre avec beaucoup de peine par la cheminée, se glissèrent dans les tuyaux, et arrivèrent au poêle. Ce n'était pas certes un voyage d'agrément, et ils s'arrêtèrent à la porte du poêle sombre pour écouter et apprendre ce qui se passait dans la chambre.

Tout y était bien tranquille : ils mirent la tête dehors pour voir. Hélas! le vieux Chinois gisait au milieu du plancher. Il était tombé en bas de la console en voulant les poursuivre, et il s'était brisé en trois morceaux. Tout le dos s'était détaché du reste du corps, et la tête avait roulé dans un coin. Le Grand-général-commandant-en-chef-Jambe-de-Bouc conservait toujours la même position et réfléchissait.

« C'est terrible, dit la petite bergère, le vieux grand-père s'est brisé, et c'est nous qui en sommes la cause! Oh! je ne survivrai jamais à ce malheur ! »

Et elle tordait ses petites mains.

« On pourra encore le recoller, dit le ramoneur; oui, on pourra le recoller. Allons, ne te désole pas; si on lui recolle le dos et qu'on lui mette une bonne attache à la nuque, il deviendra aussi solide que s'il était tout neuf, et pourra encore nous dire une foule de choses désagréables.

— Tu crois? » dit-elle.

Et ils remontèrent sur la console où ils avaient été placés de tout temps.

« Voilà où nous en sommes arrivés, dit le ramoneur; nous aurions pu nous épargner toute cette peine.

— Oh! si seulement notre vieux grand-père était recollé! dit la bergère. Est-ce que ça coûte bien cher? »

Et le grand-père fut recollé. On lui mit aussi une bonne attache dans le cou, et il devint comme neuf. Seulement il ne pouvait plus hocher la tête.

« Vous faites bien le fier, depuis que vous avez été cassé, lui dit le Grand-général-commandant-en-chef-Jambe-de-Bouc. Il me semble que vous n'avez aucune raison de vous tenir si roide ; enfin, voulez-vous me donner la main, oui ou non? »

Le ramoneur et la petite bergère jetèrent sur le vieux Chinois un regard attendrissant : ils redoutaient qu'il ne se mît à hocher la tête ; mais il ne le pouvait pas, et il aurait eu honte de raconter qu'il avait une attache dans le cou.

Grâce à cette infirmité, les deux jeunes gens de porcelaine restèrent ensemble ; ils bénirent l'attache du grand-père, et ils s'aimèrent jusqu'au jour fatal où ils furent eux-mêmes brisés.

LE BRIQUET.

Un soldat marchait sur la grand'route : une, deux! une, deux! Il avait le sac sur le dos et le sabre au côté; il avait fait la guerre, et maintenant il revenait chez lui. Chemin faisant, il rencontra une vieille sorcière; elle était bien vilaine, sa lèvre inférieure tombait sur sa poitrine.

« Bonsoir, soldat! dit-elle; que ton sabre est beau! que ton sac est grand! Tu m'as l'air d'un vrai soldat; aussi je vais te donner autant d'argent que tu voudras.

— Merci, vieille sorcière, répondit le soldat.

— Vois-tu ce grand arbre? continua la sorcière en désignant un arbre tout voisin; il est entièrement creux; monte au sommet, tu verras un grand trou; laisse-toi glisser par ce trou jusqu'au fond de l'arbre. Je vais te passer une corde autour du corps pour pouvoir te hisser quand tu m'appelleras.

— Que ferai-je dans l'arbre? demanda le soldat.

— Tu chercheras de l'argent. Une fois au fond de l'arbre, tu te trouveras dans un grand corridor bien éclairé, car il y brûle plus de cent lampes. Tu verras trois portes; tu pourras les ouvrir, les clefs sont aux serrures. Si tu entres dans la première chambre, tu apercevras, au milieu du plancher, une grosse caisse avec un chien dessus. Les yeux de ce chien sont grands comme des tasses à thé, mais n'y fais pas attention. Je te donnerai mon tablier à carreaux bleus, tu l'étendras sur le plancher; marche alors courageusement sur le chien, saisis-le, dépose-le sur mon tablier, ouvre la caisse et prends-y autant de sous que tu voudras. Tous sont de cuivre; si tu aimes mieux l'argent, entre dans la seconde chambre. Là est assis un chien dont les yeux sont aussi grands que la roue d'un moulin: n'y fais pas attention, mets-le sur mon tablier, et prends de l'argent à ta guise. Si c'est de l'or que tu préfères, tu en auras aussi autant que tu voudras; pour cela, il te suffit d'en-

trer dans la troisième chambre. Mais le chien qui
est assis sur la caisse a des yeux aussi grands que
la grosse tour ronde. Crois-moi, c'est un fier chien !

Toutefois n'y fais pas attention : dépose-le sur
mon tablier ; il ne te fera aucun mal, et prends
alors dans la caisse autant d'or que tu voudras.

— Voilà qui me convient, dit le soldat ; mais

que veux-tu que je te donne, vieille sorcière? Il
te faut ta part aussi, je pense.

— Non, je ne veux pas un sou : tu m'apporteras
seulement le vieux briquet que ma grand'mère a
laissé là lors de sa dernière visite.

— Bien! passe-moi la corde autour du corps.

— La voici; et voici de même mon tablier à carreaux bleus. »

Le soldat monta sur l'arbre, se laissa glisser
par le trou, et se trouva, comme avait dit la sorcière, dans un grand corridor éclairé de cent lampes.

Il ouvrit la première porte : ouf! le chien était
assis, et il fixa sur lui ses yeux grands comme
des tasses à thé.

« Tu es un beau garçon, » dit le soldat en le
saisissant; il le déposa sur le tablier de la sorcière, et prit autant de sous de cuivre qu'en pouvaient contenir ses poches. Puis il ferma la caisse,
replaça le chien dessus, et s'en alla vers l'autre
chambre.

Eh! le chien était assis, celui qui avait les yeux
grands comme une meule de moulin. « Prends
garde de me regarder trop fixement, dit le soldat,
tu pourrais gagner mal aux yeux. »

Puis il plaça le chien sur le tablier de la sorcière. Mais, en voyant la grande quantité de monnaie d'argent que contenait la caisse, il jeta tous

ses sous de cuivre, et bourra d'argent ses poches et son sac.

Puis il entra dans la troisième chambre. Oh! c'était horrible! le chien avait en effet des yeux aussi grands que la tour ronde; ils tournaient dans sa tête comme des roues.

« Bonsoir, » dit le soldat en faisant le salut militaire, car de sa vie il n'avait vu un pareil chien. Mais après l'avoir un peu regardé : « Suffit ! » pensa-t-il: il le descendit à terre et ouvrit la caisse. Grand Dieu! que d'or il y avait! Il y avait de quoi acheter toute la ville de Copenhague, tous les porcs en sucre des marchands de gâteaux, tous les soldats de plomb, tous les jouets, tous les dadas du monde; oui, il y en avait, de l'or.

Le soldat jeta toute la monnaie d'argent dont il avait rempli ses poches et son sac, et il la remplaça par de l'or. Il chargea tellement ses poches, son sac, sa casquette et ses bottes, qu'il pouvait à peine marcher. Était-il riche ! il remit le chien sur la caisse, ferma la porte, et cria par le trou de l'arbre :

« Maintenant, hissez-moi, vieille sorcière !

— As-tu le briquet? demanda-t-elle.

— Diable! je l'avais tout à fait oublié. »

Il retourna pour le chercher. Puis, la sorcière le hissant, il se trouva de nouveau sur la grand'-route, les poches, le sac, les bottes et la casquette pleins d'or.

« Que vas-tu faire de ce briquet, demanda le soldat.

— Cela ne te regarde pas. Tu as eu ton argent; donne-moi le briquet.

— Pas tant de sornettes! dis-moi tout de suite ce que tu vas en faire, ou je tire mon sabre et je te décapite.

— Non! » répondit la sorcière.

Le soldat lui coupa la tête. La voilà étendue; lui, il noua son argent dans le tablier, le chargea sur son dos, mit le briquet dans sa poche, et se rendit à la ville.

C'était une bien belle ville. Il entra dans la meilleure auberge, demanda la meilleure chambre et ses mets de prédilection: il était si riche!

Le domestique qui devait cirer ses bottes trouva étonnant qu'un seigneur aussi riche eût de vieilles bottes si ridicules. Le soldat n'avait pas encore eu le temps de les remplacer; ce ne fut que le lendemain qu'il se procura de belles bottes et des vêtements tout à fait élégants. Voilà donc le soldat devenu grand seigneur, On lui fit l'énumération de tout ce qu'il y avait de beau dans la ville; on lui parla du roi et de la charmante princesse, sa fille.

« Comment faire pour la voir? demanda le soldat.

— C'est bien difficile! lui répondit-on. Elle demeure dans un grand château de cuivre, entouré de murailles et de tours. Personne, excepté le roi, ne peut entrer chez elle; car on a prédit qu'elle serait un jour mariée à un simple soldat, et le roi en est furieux.

— Je voudrais pourtant bien la voir, pensa le soldat; mais comment obtenir cette permission?»

En attendant, il menait joyeuse vie, allait au spectacle, se promenait en voiture dans le jardin du roi et faisait beaucoup d'aumônes, ce qui était très-beau. Il savait par expérience combien il est dur de n'avoir pas le sou. Maintenant il était riche, il avait de beaux habits, et avec cela des amis qui répétaient en chœur : « Vous êtes aimable, vous êtes un parfait cavalier. » Cela flattait les oreilles du soldat. Mais, comme tous les jours il dépensait de l'argent sans jamais en recevoir, un beau matin, il ne lui resta que deux sous. La belle chambre qu'il habitait, il fallut la quitter et prendre à la place un petit trou sous les toits. Là il était obligé de cirer lui-même ses bottes, de les raccommoder avec une grosse aiguille, et aucun de ses amis ne venait le voir : il y avait trop d'escaliers à monter.

Un soir bien sombre, il n'avait pas eu de quoi s'acheter une chandelle : il se rappela soudain qu'il s'en trouvait un petit bout dans le briquet de l'arbre creux. Il saisit donc le briquet et le

bout de chandelle; mais, au moment même où
les étincelles jaillirent du caillou, la porte s'ouvrit
tout à coup, et le chien qui avait les yeux aussi
grands que des tasses à thé se trouva debout devant
lui et dit : « Monseigneur, qu'ordonnez-vous?

— Q'est-ce que cela? s'écria le soldat. Voilà un
drôle de briquet! J'aurai donc de cette manière
tout ce que je voudrai? vite! apporte-moi de l'argent. »

Houp! l'animal est parti. Houp! le voilà de retour, tenant dans sa gueule un grand sac rempli
de sous.

Le soldat savait maintenant quel précieux briquet il possédait. S'il battait une fois, c'était le
chien de la caisse aux sous qui paraissait; bat-
tait-il deux fois, c'était le chien de la caisse d'argent; trois fois, celui qui gardait l'or.

Il retourna dans sa belle chambre, reprit ses
beaux habits; et ses amis de revenir en hâte : ils
l'aimaient tant!

Un jour, le soldat pensa : « C'est pourtant une
chose bien singulière qu'on ne puisse parvenir à
voir cette princesse! tout le monde est d'accord
sur sa parfaite beauté; mais à quoi sert la beauté
dans une prison de cuivre? N'y aurait-il pas un
moyen pour moi de la voir? Où est mon briquet?»
Il fit feu. Houp! voilà le chien avec les yeux comme
des tasses à thé qui est déjà présent.

« Pardon ! il est bien tard, dit le soldat, mais je voudrais voir la princesse, ne fût-ce qu'un instant. »

Et voilà le chien parti. Le soldat n'avait pas eu le temps de se retourner qu'il était revenu avec

la princesse. Elle était assise sur son dos, si belle qu'en la voyant on devinait une princesse. Le soldat ne put s'empêcher de l'embrasser, car c'était un vrai soldat.

Puis le chien s'en retourna avec la princesse. Mais le lendemain tout en prenant le thé avec le roi et la reine, elle leur raconta un rêve bizarre

qu'elle avait eu la nuit d'un chien et d'un soldat.
Elle était montée à cheval sur un chien, et le soldat l'avait embrassée.

« C'est une histoire très-jolie, » dit la reine.

Cependant, la nuit suivante, on fit veiller une
des vieilles dames d'honneur auprès de la princesse, pour voir si c'était un véritable rêve.

Le soldat mourait d'envie de revoir la belle
princesse ; le chien revint la nuit, et l'emporta au
grand galop. Mais la vieille dame d'honneur mit
une paire de bottes à l'épreuve de l'eau, et courut bien vite après lui. Lorsqu'elle eut vu la maison où il était entré : « Je sais maintenant
l'adresse, » pensa-t-elle ; et, avec un morceau de
craie, elle fit une grande croix sur la porte. Ensuite elle retourna se coucher, et, peu de temps
après, le chien revint aussi avec la princesse. Mais
s'étant aperçu qu'il y avait une croix blanche sur
la porte du soldat, il prit un morceau de craie, et
fit des croix sur toutes les portes de la ville. Assurément c'était très-spirituel ; car, maintenant,
comment la dame d'honneur pourrait-elle retrouver la porte?

Le lendemain matin, de bonne heure, le roi, la
reine, la vieille dame d'honneur et tous les officiers
allaient pour voir où s'était rendue la princesse.

« C'est là ! dit le roi en apercevant la première
porte marquée d'une croix.

— Non, c'est là, mon cher mari, répliqua la reine en voyant la seconde porte également marquée d'une croix.

— En voilà une ! en voilà une ! » dirent-ils tous, car ils virent des croix sur toutes les portes. Alors ils comprirent qu'il était inutile de chercher.

Mais la reine était une femme d'esprit, qui savait faire autre chose qu'aller en carrosse. Elle prit ses grands ciseaux d'or, coupa un morceau de soie, et cousit une jolie petite poche. Elle la remplit de grains de sarrasin, l'attacha au dos de la princesse et y fit un petit trou. Ainsi les grains devaient tomber tout le long de la route que suivrait la princesse.

Dans la nuit, le chien revint, prit la princesse sur son dos et la porta chez le soldat. Celui-ci l'aimait si fort qu'il aurait bien voulu être prince pour en faire sa femme.

Les grains de sarrasin tombaient toujours depuis le château jusqu'à la porte du soldat ; le chien ne s'en apercevait pas. Le lendemain, le roi et la reine apprirent aisément où leur fille avait été. Le soldat fut pris et mis au cachot.

Le voilà donc enfermé. Quelle nuit ! quelle tristesse ! Et puis on vint lui dire : « Demain, tu seras pendu ! » Ce n'était pas une bonne nouvelle, et il avait oublié, le malheureux, son briquet dans l'auberge. Le jour suivant, il vit, à travers les barreaux de sa fenêtre, le peuple qui sortait en foule de la ville, afin de le voir pendre. Tout le monde courait ; un garçon cordonnier, avec son tablier et des pantoufles, courait même si fort, qu'une de ses pantoufles s'échappa de son pied et vint frapper justement le mur derrière lequel était assis le soldat regardant à travers les barreaux.

« Eh ! cordonnier, ne te presse pas tant, lui cria le soldat, sans moi rien ne se fera. Mais si tu veux courir jusqu'à l'auberge où j'ai demeuré, et chercher mon briquet, je te donnerai quatre sous. Seulement ne laisse pas traîner tes jambes ! »

Le garçon cordonnier, qui voulait bien gagner quatre sous, vola comme un trait chercher le briquet, le remit au soldat, et — maintenant vous allez entendre !

En dehors de la ville on avait dressé une grande potence, entourée de soldats et de plus de cent mille personnes. Le roi et la reine étaient assis sur un trône magnifique ; en face, le juge et tout le conseil.

Déjà le soldat était au haut de l'échelle, on allait lui passer la corde autour du cou ; il demanda la permission de formuler un dernier souhait. C'était l'habitude, observa-t-il, d'accorder cette grâce au pécheur qui va mourir. Il avait grande envie de fumer une pipe, ce serait la dernière.

Le roi ne put lui refuser cela. Donc le soldat prit son briquet et fit feu : un, deux, trois ! Voici les trois chiens qui apparaissent tout à coup : celui dont les yeux étaient aussi grands que des tasses à thé, celui qui les avait aussi larges que des roues de carrosse, et celui qui les portait aussi gros que la tour ronde.

« Venez à mon secours, car on va me pendre! » s'écria le soldat.

Alors les chiens se précipitèrent sur les juges et sur le conseil, prirent l'un par les jambes, l'autre par le nez, et les lancèrent si haut dans l'air qu'ils retombèrent en mille morceaux.

« Je ne veux pas.... » dit le roi ; mais le plus gros des chiens le prit avec la reine, et les lança comme les autres. Les soldats s'effrayèrent, et le peuple de s'écrier : « Petit soldat, tu seras notre roi, et tu épouseras la belle princesse ! »

Et le soldat fut placé dans le carrosse du roi ; les trois chiens dansaient devant et criaient : « Hourra! » Les gamins sifflaient dans leurs doigts, et les soldats présentaient les armes. La princesse sortit du château de cuivre et devint reine, ce dont elle ne fut pas médiocrement flattée.

La noce dura huit jours ; les trois chiens y étaient invités, et à table surtout ils ouvrirent des yeux énormes.

L'ANGE.

« Chaque fois qu'un bon enfant meurt, un ange de Dieu descend sur la terre, prend l'enfant mort dans ses bras, ouvre ses larges ailes, parcourt tous les lieux que l'enfant a aimés, et cueille une poignée de fleurs. Ces fleurs, tous deux les portent au bon Dieu pour qu'il les fasse refleurir la-haut plus belles que sur la terre. Le bon Dieu presse les fleurs sur son cœur, et, celle qu'il préfère, il y dépose un baiser. Ce baiser lui donne une voix et la fait se mêler aux chœurs des bien-heureux. »

Voilà ce que racontait un ange de Dieu en emportant un enfant mort au ciel, et l'enfant l'écoutait comme en rêve. Et ils volaient au-dessus des lieux où le petit avait joué, sur des jardins parsemés de fleurs admirables. « Lesquelles emporterons-nous pour les planter au ciel? » demanda l'ange.

Près d'eux se trouvait un rosier magnifique; mais une méchante main en avait brisé la tige,

de sorte que les branches chargées de boutons à peine éclos pendaient et se desséchaient de
tous côtés.

« Pauvre arbre, dit l'enfant; prends-le pour qu'il
refleurisse là-haut près de Dieu. »

Et l'ange prit le rosier. Il embrassa l'enfant; le

petit ouvrit ses yeux à moitié. Ils cueillirent partout de riches fleurs, sans mépriser la dent-de-
lion si souvent dédaignée, ni la pensée sauvage.

« Nous avons assez de fleurs maintenant, » dit
l'enfant; et l'ange fit un signe d'assentiment, mais
ils ne volèrent pas encore vers Dieu.

Déjà il faisait nuit, partout régnait un profond silence; ils passaient au-dessus d'une petite rue sombre et étroite, remplie d'un amas de vieille paille, de cendres et de balayures. C'était le jour des déménagements; toutes ces assiettes brisées, tous ces morceaux de statues en plâtre, tous ces haillons offraient un aspect peu agréable.

Et l'ange montra à l'enfant, au milieu de ces débris, quelques fragments d'un pot de fleurs; une motte de terre s'en était détachée, à laquelle tenaient encore les racines d'une grande fleur des champs fanée et jetée au rebut.

« Emportons-la, dit l'ange; en nous envolant je te dirai pourquoi. »

Ils s'élevèrent dans l'air, et l'ange fit ce récit:

« Là-bas, dans cette rue sombre, dans une espèce de cave, demeurait un pauvre petit garçon malade. Dès sa plus tendre enfance, il était alité. Parfois, lorsqu'il se sentait mieux, il faisait le tour de la chambre à l'aide de béquilles, et c'était tout. En été, les rayons du soleil venaient de temps en temps éclairer cette misérable demeure, et alors le petit garçon se réchauffait au soleil, regardait le sang rouge circuler dans ses doigts délicats et diaphanes en disant : « Aujourd'hui, « Dieu merci, j'ai pu sortir. » Il ne connaissait la magnifique verdure de la forêt que par une bran- che de hêtre que le fils du voisin lui avait appor-

tée. Il tenait cette branche au-dessus de sa tête,
et il lui semblait ainsi se reposer sous les grands
arbres, ayant le soleil en perspective, et pour
musique le chant délicieux de mille petits oiseaux.

Un jour de printemps, le fils du voisin lui apporta aussi quelques fleurs des champs, dont l'une,
par hasard, avait encore ses racines. Elle fut plantée dans un pot, et placée sur la fenêtre, près du

lit. Plantée par une main heureuse, elle poussa
des rejetons, et produisit chaque année de nouvelles fleurs. C'était le jardin de l'enfant malade,
son seul trésor sur cette terre; il l'arrosait, la
cultivait avec soin, et la plaçait toujours de manière à ce qu'elle ne perdît pas un des rayons de
soleil qui pénétraient à travers la lucarne. Aussi
la fleur se développait et s'embellissait avec ses

rèves; elle fleurissait pour lui, pour lui elle répandait son parfum et prenait des airs coquets. Lorsque le bon Dieu rappela l'enfant à lui, il s'inclina vers elle avant de mourir. Il y a maintenant une année que l'enfant est chez Dieu, et il y a une année que la fleur est restée oubliée sur la fenêtre et s'est desséchée. Le jour du déménagement, on l'a jetée parmi les immondices de la rue, et c'est cette pauvre fleur fanée que nous avons recueillie dans notre bouquet, car elle a causé plus de joie que la plus riche fleur du jardin d'une reine.

— Mais comment sais-tu tout cela? demanda l'enfant.

— Je le sais, répondit l'ange, parce que j'étais moi-même ce petit garçon malade qui marchait avec des béquilles. Je reconnais bien ma fleur. »

Et l'enfant, ouvrant tout à fait les yeux, regarda le visage éclatant et superbe de l'ange. Au même instant, ils entrèrent dans le ciel du Seigneur, où la joie et la félicité sont éternelles. Lorsque le bon Dieu eut pressé l'enfant mort sur son cœur, il poussa des ailes à l'enfant comme à l'autre ange, et, se tenant par la main. tous deux s'envolèrent ensemble. Le bon Dieu serra aussi sur son cœur toutes les fleurs, mais il donna un baiser à la pauvre fleur des champs fanée, et aussitôt elle fut douée de la voix et chanta avec les anges qui flottent autour du Seigneur, formant des cercles jusqu'à l'infini, et tous également heureux. Oui, ils chantaient tous, grands et petits, le bon enfant béni, et la pauvre fleur des champs qui avait été jetée toute fanée parmi les ordures, dans la ruelle sombre et étroite.

Il saisit petit Claus. (Page 72.)

PETIT CLAUS ET GRAND CLAUS.

Dans une ville demeuraient deux hommes qui
s'appelaient du même nom, Claus; mais l'un avait
quatre chevaux, et l'autre n'en avait qu'un seul :
donc, pour les distinguer, l'on appelait le premier
grand Claus, et l'autre petit Claus. Écoutez bien

maintenant ce qui leur arriva, car c'est une histoire véritable !

Pendant toute la semaine, petit Claus était obligé de labourer la terre de grand Claus et de lui prêter son unique cheval ; en revanche, grand Claus l'aidait avec ses quatre chevaux une fois par semaine, c'est-à-dire tous les dimanches seulement. Hutsch ! comme petit Claus faisait alors claquer son fouet au-dessus des cinq chevaux ! Il les regardait comme les siens. Le soleil brillait si magnifique ! Toutes les cloches appelaient le monde à l'église ; les hommes et les femmes revêtus de leurs plus beaux habits passaient devant petit Claus, qui, labourant la terre d'un air joyeux, faisait claquer son fouet en s'écriant :

« Hue donc, mes chevaux !

— Ne dis donc pas *mes chevaux,* lui cria une fois grand Claus, il n'y en a qu'un qui est à toi. »

Mais petit Claus oublia bientôt cet avertissement, et, en voyant quelques autres personnes passer, il ne put s'empêcher de s'écrier de nouveau : « Hue donc, mes chevaux !

— Pour la dernière fois, lui dit grand Claus, ne répète plus ces paroles ! Si cela t'arrive encore, je porterai un tel coup au front de ton cheval, qu'il tombera mort sur-le-champ.

— Je ne le dirai plus, » répondit petit Claus. Mais lorsqu'il passa encore du monde qui le saluait amicalement de la tête, il devint bien content; et fier, de pouvoir labourer son champ avec cinq chevaux, il fit claquer son fouet en s'écriant : « Hue donc, mes chevaux !

— J'apprendrai le hue donc! à tes chevaux. » dit le grand Claus; puis il prit une massue, et appliqua un coup si fort au front du cheval de petit Claus qu'il tomba mort sur-le-champ.

Son maître se prit à pleurer et à se lamenter; ensuite il écorcha la bête morte, fit sécher la peau au vent, la mit dans un sac, et se rendit à la ville pour la vendre.

Le chemin était long et passait par une grande forêt; il faisait un temps affreux. Petit Claus s'égara, et, avant qu'il eût retrouvé le bon chemin, la nuit survint; il lui fallut renoncer à rentrer en ville.

Près de la route se trouvait une grande ferme, et, quoique les volets fussent fermés, on y voyait briller de la lumière. « Peut-être j'y pourrai passer la nuit, » pensa-t-il, et il frappa à la porte.

La femme lui ouvrit; mais, lorsqu'elle apprit ce qu'il voulait, elle lui dit de passer son chemin: son mari était sorti, et elle ne recevait pas d'étrangers.

« Soit, je coucherai dehors, » répondit-il. Et la femme referma la porte.

Près de la maison était une grange au toit de

chaume remplie de foin. « J'y coucherai bien, dit petit Claus ; le lit est bon, et il n'y a pas de danger que la cigogne me morde les jambes. »

Sur le toit perchait une cigogne à côté de son nid.

Il rampa dans la grange, où il se coucha. Il se retourna plusieurs fois pour bien dormir. Les volets de la maison ne se fermant pas entièrement, il put voir ce qui se passait dans la chambre.

Au milieu, se dressait une grande table ornée d'un rôti, d'un poisson et de plusieurs bouteilles de vin. La paysanne et le chantre étaient assis joyeusement et se régalaient.

« Comme ils sont heureux ! » dit petit Claus. Et il allongea la tête pour mieux voir. La femme servit un gâteau délicieux. Grand Dieu, quel festin !

Tout à coup un homme à cheval s'approcha de la maison ; c'était le mari de la paysanne qui rentrait chez lui.

Tout le monde l'estimait comme un brave homme, mais il avait une maladie étrange : il ne pouvait apercevoir un chantre sans entrer en fureur. Connaissant cette particularité, le chantre avait profité de l'occasion pour rendre une visite à la femme et lui dire bonjour, pendant que le mari était absent ; et la bonne femme lui avait fait honneur en lui servant un délicieux repas. Pour éviter des désagréments, lorsqu'elle entendit son mari qui venait, elle pria son convive de se cacher dans un grand coffre vide ; ce qu'il fit volontiers, connaissant la maladie du paysan. Puis la femme serra promptement le manger et le vin dans le four, pour que son mari ne lui adressât pas de question embarrassante.

« Quel dommage ! soupira petit Claus dans la grange en voyant disparaître le gâteau.

— Qui est là-haut ? s'écria le paysan en se tournant, et il aperçut petit Claus. Pourquoi te coucher là ? Viens plutôt dans la chambre. »

Petit Claus lui raconta comment il s'était égaré, et lui demanda l'hospitalité pour la nuit.

« Très-volontiers ! répondit le paysan, mais mangeons d'abord un morceau. »

La femme les reçut tous deux avec amabilité, prépara de nouveau la table, et servit un grand plat de riz. Le paysan, qui avait faim, en mangea de bon appétit ; mais petit Claus pensait au délicieux rôti, au gâteau et au vin cachés dans le four.

Il avait jeté sous la table le sac contenant la peau de cheval : comme il ne pouvait supporter le riz, il appuya ses pieds sur le sac, et fit craquer la peau sèche.

« Chut ! dit-il à son sac ; mais, au même moment, il le fit craquer plus fort.

— Qu'y a-t-il dans le sac ? demanda le paysan.

— Un sorcier, répondit Claus ; il ne veut pas que nous mangions du riz. Il me dit que, par un effet de sa magie, il se trouve dans le four un rôti, du poisson et un gâteau.

« Ce n'est pas possible, » dit le paysan en ouvrant promptement le four ; il découvrit les mets superbes que sa femme y avait serrés, et crut que le sorcier avait fait ce prodige. La femme, sans oser rien dire, posa tout sur la table, et ils se mirent à manger du poisson, du rôti et du gâteau.

Claus fit de nouveau craquer sa peau.

« Que dit-il à présent? demanda le paysan.

— Il dit que, près du four, il a fait venir trois bouteilles de vin. »

La femme leur servit le vin, et son mari se mit à boire en s'égayant de plus en plus. Il eût bien voulu posséder un sorcier pareil à celui du sac de petit Claus.

« Je voudrais qu'il me montrât le diable, dit le paysan ; cela me ferait plaisir, car je suis tout à fait en train.

— Mon sorcier peut tout ce que je lui demande. » Puis il fit craquer le sac : « Entends-tu? il dit que oui. Mais le diable est bien terrible à voir.

— Oh! je n'ai pas peur. Quelle mine a-t-il?

— Il paraîtra devant nous sous la forme d'un chantre.

— Ouf! que c'est vilain! je ne peux pas supporter la vue d'un chantre. N'importe ; comme je saurai que c'est le diable, j'aurai du courage. Seulement, qu'il ne m'approche pas! »

Petit Claus approcha son oreille du sac comme pour écouter le sorcier.

« Que dit-il?

— Il dit que, si vous voulez ouvrir ce grand coffre, là-bas au coin, vous y verrez le diable ; mais il faut bien tenir le couvercle, pour qu'il ne s'échappe pas.

— Aidez-moi à le tenir, » dit le paysan en s'approchant du coffre où la femme avait caché le véritable chantre tout tremblant de frayeur.

Le couvercle fut soulevé. « Ouf! s'écria le paysan en faisant un bond en arrière, je l'ai vu! Il ressemble tout à fait au chantre de notre église ; il est horrible! »

Ensuite ils se remirent à boire bien avant dans la nuit.

« Vends-moi ton sorcier, dit le paysan, je t'en donnerai tout ce que tu voudras ; tout un boisseau rempli d'argent, si tu l'exiges.

— Je ne le puis, répondit petit Claus. Songe un peu combien il m'est utile.

— Pourtant tu me rendrais bien heureux! dit le paysan en insistant.

— Soit! dit enfin petit Claus ; puisque tu m'as

donné l'hospitalité, je te céderai le sorcier pour un
boisseau rempli d'argent, mais fais-moi bonne mesure.

— Tu seras satisfait; seulement, je te prierai
d'emporter le coffre; je ne veux pas qu'il reste
une heure encore dans la maison. Peut-être le
diable y est-il toujours. »

Sur ce, petit Claus donna au paysan son sac
avec la peau sèche; il reçut en échange tout un
boisseau rempli d'argent, et, par-dessus le marché, une grande brouette pour transporter l'argent
et le coffre.

« Adieu! » dit-il, et il s'éloigna.

De l'autre côté de la forêt, il s'arrêta sur un
pont tout neuf, qui servait à traverser une rivière
profonde, et il dit à haute voix : « Que ferais-je
de ce mauvais coffre? Il pèse comme s'il était rempli de pierres. Je suis déjà fatigué de le rouler; il
vaut mieux que je le jette dans la rivière. Si l'eau
le porte à ma maison, tant mieux, sinon je m'en
passerai. »

Puis il souleva le coffre d'une main, comme s'il
voulait le jeter dans l'eau.

« Attends donc, attends donc! s'écria le chantre
dans le coffre, laisse-moi d'abord sortir.

— Ouf! s'écria petit Claus, feignant de s'effrayer,
le diable y est encore, il faut que je le noie bien
vite!

— Non, non ! cria le chantre, épargne-moi, et je te donnerai un boisseau d'argent.

— C'est différent, » répondit petit Claus en ouvrant le coffre.

Le chantre sortit, poussa le coffre vide dans l'eau, et retourna chez lui donner au petit Claus son boisseau d'argent. Claus eut ainsi de quoi remplir sa brouette.

Rentré chez lui, dans sa chambre, il fit rouler par terre toutes les piéces de monnaie.

« Voilà une peau de cheval bien vendue ! s'écria-t-il. Grand Claus mourra de dépit lorsqu'il apprendra toute la richesse que mon unique cheval m'a rapportée. »

Puis il envoya un garçon chez grand Claus, pour le prier de lui prêter un boisseau vide.

« Que veut-il en faire ? » pensa grand Claus.

Et il enduisit le fond de goudron, afin qu'il y restât quelque chose d'attaché. Lorsque le boisseau lui fut rendu, il y trouva collées trois pièces de dix sous.

« Comment ! s'écria-t-il, où diable a-t-il pris tout cela ? »

Et il courut immédiatement chez petit Claus.

« D'où tiens-tu tout cet argent ?

— De ma peau de cheval, que j'ai vendue hier au soir.

— Tu en as tiré un bon prix, » dit grand Claus ; puis il retourna bien vite chez lui, prit une hache, abattit ses quatre chevaux, les écorcha et porta leur peau à la ville. « Des peaux ! des peaux ! qui veut acheter des peaux ? » cria-t-il dans toutes les rues.

Tous les cordonniers et les corroyeurs accoururent pour lui en demander le prix.

« Un boisseau d'argent pour chacune, répondit grand Claus.

— Es-tu fou ? crois-tu que nous ayons de l'argent par boisseaux ?

— Des peaux ! des peaux ! continua-t-il, qui veut acheter des peaux ? » Et, si quelqu'un les marchandait : « Un boisseau d'argent pour chacune, répondait-il toujours.

— Il veut se moquer de nous, » s'écria enfin tout le monde. Puis les cordonniers prirent leurs courroies, les corroyeurs leurs tabliers, et ils se mirent à frapper rudement grand Claus.

« Nous arrangerons si bien ta peau, qu'elle deviendra rouge et bleue, dirent-ils ; veux-tu te sauver, veux-tu te sauver ! »

Et grand Claus, au milieu des coups, se sauva hors de la ville.

« Bon ! dit-il une fois rentré chez lui ; c'est petit Claus qui est la cause de tout cela. Je vais le tuer. »

Cependant la vieille nourrice de petit Claus était morte, et, quoiqu'elle se fût montrée bien méchante envers lui, il la pleura. Il coucha la femme morte dans son lit, pour voir s'il ne pourrait pas la rappeler à la vie, et resta toute la nuit dans un coin, sur une chaise.

Au milieu de la nuit, la porte s'ouvrit, et grand Claus entra avec sa hache. Connaissant l'endroit où était placé le lit de petit Claus, il s'en approcha tout doucement, et appliqua un coup violent au front de la vieille nourrice morte.

« Maintenant, tu ne me tromperas plus ! dit-il en s'éloignant, car il croyait avoir tué son ennemi.

— Quel méchant homme ! s'écria petit Claus ; c'est moi qu'il voulait tuer. Heureusement pour ma vieille nourrice qu'elle était déjà morte. »

Il revêtit ensuite la vieille femme de ses habits de dimanche, emprunta un cheval à son voisin et l'attela à sa voiture. Puis il plaça la vieille sur le siége de derrière, de façon qu'elle ne pût tomber, et il traversa ainsi la forêt. Arrivé à une auberge, petit Claus s'arrêta pour demander quelque chose à manger.

L'aubergiste était un homme très-riche, bon diable au fond, mais emporté comme.si son corps eût été rempli de poivre et de tabac.

« Bonjour ! dit-il à petit Claus ; comme tu es endimanché aujourd'hui !

— Oui, répondit Claus en descendant ; je vais conduire ma vieille nourrice à la ville. Apporte-lui un verre d'hydromel pour se rafraîchir, et parle-lui bien haut, car elle n'entend presque pas.

— Je n'y manquerai pas, » dit l'aubergiste ; et il alla verser un grand verre d'hydromel, qu'il porta à la vieille dans la voiture.

« Voici un verre d'hydromel, » cria-t-il à la femme morte ; mais elle ne bougea pas. « Est-ce

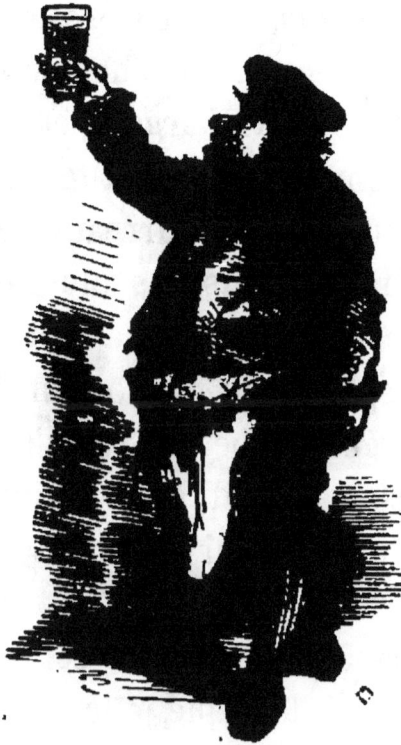

que vous ne m'entendez pas ? cria-t-il de toutes ses forces ; voici un verre d'hydromel de la part de votre maître. »

Mais il avait beau s'épuiser à crier, la vieille ne bougeait pas. Alors, emporté par la colère, il lui jeta le verre à la figure avec une telle violence, qu'elle tomba en arrière dans la voiture, n'étant retenue par aucune attache.

En ce moment, petit Claus survint. « Mille malheurs ! s'écria-t-il en empoignant l'aubergiste par

la poitrine, tu as tué ma nourrice, regarde le trou
que tu lui as fait au front.

— Oui! malheur à moi! répondit l'aubergiste en
tordant ses mains, j'ai encore une fois cédé à
mon emportement. Mon cher petit Claus, je te
remplirai un boisseau d'argent, et je ferai enterrer
ta nourrice comme si elle était ma mère, si tu veux
ne pas me trahir. Le bourreau me couperait la
tête que tu n'en serais pas plus avancé, et cela
me ferait beaucoup de mal, à moi. »

Claus accepta, reçut un troisième boisseau d'argent, et chargea l'aubergiste de l'enterrement.

Revenu chez lui, il envoya un garçon chez
grand Claus pour lui emprunter un boisseau
vide.

« Qu'est-ce à dire? s'écria celui-ci; je ne l'ai
donc pas tué! Il faut que je le voie moi-même. »

Et il se rendit aussitôt auprès de petit Claus
avec le boisseau.

Comme il ouvrit de grands yeux en apercevant
tout cet argent! « Comment as-tu gagné ce trésor?
demanda-t-il.

— Tu as tué ma nourrice à ma place; j'ai
vendu son corps, et l'on m'en a donné un boisseau d'argent.

— C'est un bon prix! » dit grand Claus.

Puis il se dépêcha de rentrer chez lui, prit une
hache et tua sa vieille nourrice. Ensuite il la plaça

dans sa voiture, partit pour la ville, et demanda
à l'apothicaire s'il voulait acheter un cadavre.

« Voyons. répondit l'apothicaire ; mais d'abord
dis-moi d'où tu le tiens.

— C'est ma nourrice que j'ai tuée pour la vendre un boisseau d'argent.

— Grand Dieu ! es-tu fou de dire de pareilles
choses, au risque de te faire couper la tête ? »

Mais ayant appris la vérité, il fit comprendre au
méchant homme toute l'horreur de sa conduite
et la peine qu'il avait méritée. Là-dessus, grand
Claus effrayé sauta dans sa voiture, fouetta les
chevaux et s'en retourna au galop. Tout le monde
le croyait fou.

« Je me vengerai ! s'écria-t-il sur la grande
route, je me vengerai de petit Claus ! »

Et, dès qu'il fut rentré, il prit un grand sac, alla
chez petit Claus et lui dit : « J'ai été ta dupe une
seconde fois ! Après avoir abattu mes quatre chevaux, j'ai tué ma nourrice ; toi seul es cause de
tout le mal, mais tu ne me tromperas plus. »

Puis, il saisit petit Claus par le milieu du corps,
le fourra dans le sac, et le jeta sur ses épaules
en disant : « Je m'en vais te noyer ! »

Le chemin jusqu'à la rivière était long, et petit
Claud lourd à porter : c'est pourquoi le meurtrier
entra dans un cabaret pour se rafraîchir, laissant
le sac derrière la maison, où personne ne passait.

Hélas! hélas! » soupira petit Claus dans le sac, se tournant et se retournant; mais il ne put arriver à délier la corde.

Par hasard, une vache, échappée de la prairie, se sauva de ce côté, et un vieux berger courut à sa poursuite pour lui faire rejoindre son troupeau. Voyant le sac qui remuait, il s'arrêta.

« Qui est là? s'écria-t-il.

— Un pauvre jeune homme qui doit tout à l'heure entrer au paradis.

— Tu es bien dégouté! Moi, pauvre vieillard, je serais bien content d'y entrer le plus tôt possible.

— Et bien! mon brave, ouvre le sac et mets-toi à ma place; bientôt tu y seras.

— De tout mon cœur! dit le vieux berger en ouvrant le sac pour faire sortir le petit Claus. Mais me promets-tu de garder mon troupeau?

— Certainement! »

Et le vieillard entra dans le sac, que petit Claus referma. Après cela, Claus réunit tout le bétail, et s'en alla en le poussant devant lui.

Quelques moments après grand Claus sortit du cabaret et remit le sac sur son dos. Il le trouva bien léger, car le vieux maigre berger pesait bien moins que petit Claus. « C'est l'eau-de-vie qui m'a donné des forces, dit-il, tant mieux. » Et ar-

rivé à la rivière, il y jeta le berger en criant :
« Maintenant tu ne me tromperas plus ! »

Puis il prit le chemin de sa maison ; mais, à
l'endroit où les routes se croisaient, il rencontra
petit Claus poussant devant lui un troupeau de
bétail.

« Quoi ! s'écria grand Claus, ne t'ai-je pas noyé ?

— Si ! tu m'as jeté dans la rivière, il y a une
demi-heure.

— Et d'où te vient ce beau troupeau de bétail ?

— C'est du bétail de la mer ! Je vais tout te raconter, en te remerciant d'abord de m'avoir noyé ;
car maintenant je suis riche pour jamais, comme
tu le vois. Enfermé dans le sac, je frémissais de
peur ; et le vent me. sifflait autour des oreilles,
lorsque tu me jetas dans l'eau froide. J'allai immédiatement au fond, mais sans me faire de mal,
vu qu'il y pousse une longue herbe moelleuse.
Bientôt le sac fut ouvert, et une charmante demoiselle, habillée de blanc, portant une couronne de
verdure sur la tête, me prit la main en me disant :
« Je t'ai attendu, mon petit Claus ; regarde quel
« joli cadeau je vais te faire. » Et elle me montra
un troupeau de bétail. Je la remerciai bien poli-
ment, en la priant de me montrer le chemin pour
retourner à terre ; ce qu'elle fit avec la plus
grande amabilité. Vois-tu, grand Claus, la rivière

n'est pour le peuple de la mer qu'une grande
route bordée de beaux arbres, de champs verdoyants et de fleurs parfumées. Je sentais les
poissons nager autour de ma tête, comme les oiseaux volent dans l'air ; partout dans les vallées
paissait un bétail gras et magnifique. Bientôt
j'arrivai avec mon troupeau à une montée qui menait à terre, et me voici !

— Tu as bien de la chance ! dit grand Claus ;
crois-tu que moi aussi j'aurai un troupeau de
bétail, si je vais au fond de la rivière ?

— Sans doute, mais je ne pourrai te porter
dans le sac jusque-là, tu es trop lourd : si tu veux
y aller et te fourrer dans le sac après, je t'y pous-
serai volontiers.

— Tu es un bon garçon, petit Claus ; mais rappelle-toi bien que, si si je ne reviens pas avec
un troupeau de bétail de la mer, je t'administre-
rai une bonne volée de coups de bâton.

—Il n'y a pas de danger, » répondit petit Claus ;
et ils se mirent en route.

Lorsque les bêtes, qui avaient soif, aperçurent
l'eau, elles coururent de toutes leurs forces pour
boire.

« Regarde comme elles se dépêchent, dit petit
Claus ; il leur tarde de retourner au fond.

— Allons, vite ! aide-moi, répondit grand Claus
en entrant dans le sac ; et, pour plus de sûreté,

ajoute une grosse pierre; sans cela, je risquerais peut-être de ne pas arriver au fond.

— Sois tranquille ! dit petit Claus, tu y arriveras. »

Cependant il y ajouta une énorme pierre, ficela le sac, et le poussa dans la rivière. Ploum ! voilà grand Claus qui tombe au fond.

« J'ai bien peur qu'il n'y rencontre pas la demoiselle au bétail, » dit petit Claus ; puis il reconduisit son troupeau sur la grande route, et revint bien content chez lui.

LA PRINCESSE SUR UN POIS.

Il y avait une fois un prince qui voulait épouser une princesse, mais une princesse véritable. Il fit donc le tour du monde pour en trouver une, et, à la vérité, les princesses ne manquaient pas ; mais il ne pouvait jamais s'assurer si c'étaient de véritables princesses ; toujours quelque chose en elles lui paraissait suspect. En conséquence, il revint bien affligé de n'avoir pas trouvé ce qu'il désirait.

Un soir, il faisait un temps horrible, les éclairs se croisaient, le tonnerre grondait, la pluie tombait à torrent ; c'était épouvantable ! Quelqu'un frappa à la porte du château, et le vieux roi s'empressa d'ouvrir.

C'était une princesse. Mais grand Dieu ! comme la pluie et l'orage l'avaient arrangée ! L'eau ruisselait de ses cheveux et de ses vêtements, entrait par le nez dans ses souliers, et sortait par le talon. Néanmoins, elle se donna pour une véritable princesse.

« C'est ce que nous saurons bientôt ! » pensa la
vieille reine. Puis, sans rien dire, elle entra dans
la chambre à coucher, ôta toute la literie, et mit
un pois au fond du lit. Ensuite elle prit vingt

matelas, qu'elle étendit sur le pois, et encore
vingt édredons qu'elle entassa par-dessus les
matelas.

C'était la couche destinée à la princesse ; le lendemain matin, on lui demanda comment elle avait passé la nuit.

« Bien mal! répondit-elle; à peine si j'ai fermé les yeux de toute la nuit ! Dieu sait ce qu'il y avait dans le lit; c'était quelque chose de dur qui m'a rendu la peau toute violette. Quel supplice? »

À cette réponse, on reconnut que c'était une véritable princesse, puisqu'elle avait senti un pois à travers vingt matelas et vingt édredons. Quelle femme, sinon une princesse, pouvait avoir la peau aussi délicate?

Le prince, bien convaincu que c'était une véritable princesse, la prit pour femme, et le pois fut placé dans le musée, où il doit se trouver encore, à moins qu'un amateur ne l'ait enlevé.

Voilà une histoire aussi véritable que la princesse!

LE JARDIN DU PARADIS.

Il y avait une fois un fils de roi qui possédait une quantité innombrable de beaux livres. Il pouvait y lire et admirer, grâce à de superbes images, tout ce qui s'était passé dans le monde. Mais, tout en donnant des renseignements sur tous les peuples et tous les pays, ces livres ne contenaient pas un mot sur le lieu où se trouve le jardin du Paradis, et c'était lui surtout qu'il importait au prince de connaître.

Lorsqu'il était encore enfant, sa grand'mère lui avait raconté que, dans le jardin du Paradis, chaque fleur était un gâteau délicieux, et que de leur poussière on tirait un vin exquis. Sur l'une était écrite l'histoire, sur l'autre la géographie, ou bien les règles de l'arithmétique, de sorte qu'on n'avait qu'à manger des gâteaux pour apprendre sa leçon. Plus on en mangeait, plus on s'instruisait.

En ce temps-là, l'enfant croyait à tous ces contes; mais, à mesure qu'il grandissait de corps et d'esprit, il comprit que le jardin du Paradis devait renfermer bien d'autres merveilles.

« Oh! pourquoi, disait-il, Ève a-t-elle cueilli le fruit de l'arbre de la science? Pourquoi Adam a-t-il mangé ce fruit défendu? Si j'avais été à sa place, cela ne serait pas arrivé; jamais le péché n'aurait pénétré dans le monde. »

Voilà ce qu'il disait alors, et ce qu'il répétait encore à l'âge de dix-sept ans. Le jardin du Paradis occupait toutes ses pensées.

Un jour, il alla se promener tout seul dans la forêt, car il aimait la solitude. La nuit survint et les nuages s'amoncelèrent. Bientôt tomba une pluie si forte que tout le ciel semblait une cataracte. Il régnait une obscurité telle qu'on n'en voit de pareille qu'au fond d'un puits au milieu de la nuit. Tantôt le prince glissait sur l'herbe mouillée, tantôt il tombait sur les pierres aiguës dont le sol était hérissé. Trempé jusqu'aux os, il fut obligé de grimper sur de gros blocs recouverts d'une mousse épaisse et ruisselante. Il allait tomber évanoui de fatigue, lorsqu'il entendit un bruit

étrange, et aperçut devant lui une grande caverne
éclairée par un feu qui aurait pu rôtir tout un
cerf; et, en effet, attaché à la broche par les
cornes, un superbe cerf y tournait lentement entre
deux sapins abattus. Une femme âgée, mais grande
et forte, qui ressemblait à un homme déguisé,
était assise devant le feu et y jetait de temps en
temps un morceau de bois.

« Approche, dit-elle. et mets-toi là pour sécher
tes vêtements.

— Quel courant d'air il fait ici! dit le prince en
s'étendant à terre.

— Ce sera bien pis lorsque mes fils seront ren-
trés. Tu es ici dans la caverne des Vents, et mes
fils sont les quatre Vents du monde. Me com-
prends-tu?

— Explique-toi plus clairement. Que font tes
fils?

— Il est difficile de répondre à une sotte question. Mes fils travaillent pour leur compte; ils
jouent au volant avec les nuages là-haut. »

Et elle montra le ciel.

« Bien ! dit le prince; mais vous parlez dure-
ment, et vous n'avez pas l'air doux des femmes
que j'ai connues jusqu'ici.

— C'est qu'elles n'ont pas besoin d'en prendre
un autre; quant à moi, il me faut être rude pour
tenir mes garçons en respect, et je sais les domp-

ter, quoiqu'ils aient de mauvaises têtes. Regarde ces quatre sacs suspendus au mur; mes fils les craignent autant que les autres enfants craignent les verges placées entre la glace et la cheminée. Je sais les faire plier, vois-tu! et, quand il me plaît, je les enferme dans le sac, où ils restent jusqu'à ce que je trouve bon de les relâcher. Mais en voici un qui rentre. »

C'était le Vent du Nord; il revenait accompagné d'un froid glacial. De gros grêlons tombaient à terre et des flocons de neige tourbillonnaient dans la caverne. Ce Vent était vêtu d'une culotte et d'une veste de peau d'ours; un bonnet en peau de chien de mer se rabattait sur ses oreilles; de longs glaçons pendaient à sa barbe, et les grêlons pleuvaient de dessous le col de sa veste.

« Ne vous approchez pas du feu tout de suite, dit le prince, vous risqueriez d'attraper des engelures au visage et aux mains.

— Des engelures! répéta le Vent du Nord en riant aux éclats; des engelures! rien ne me fait plus de plaisir. Mais qui es-tu, blanc-bec, toi qui oses pénétrer dans la caverne des Vents?

— C'est mon hôte, dit la vieille, et si tu n'es pas content de cette explication, prends garde au sac! Tu me connais, je pense! »

A ces mots le Vent du Nord cessa ses questions

et commença à raconter d'où il venait et comment il avait passé son temps depuis tout un mois.

« J'arrive, dit-il de la mer polaire; j'ai séjourné dans le pays des ours avec les Russes qui pêchent les morses. Je m'étais endormi sur le gouvernail lorsqu'ils doublèrent le cap Nord. Parfois, à mon réveil, l'oiseau des tempêtes passait sous mes jambes : c'est un oiseau bien bizarre, qui donne un coup d'aile rapide, se lance en avant et puis reste étendu sans mouvement.

— Épargne-nous les détails, dit la mère, et parle-nous du pays des ours.

— C'est un pays magnifique; quel beau plancher pour danser! uni comme une assiette. On y voit de la neige à moitié fondue avec un peu de mousse, des pierres aiguës et des carcasses de morses et d'ours blancs qui ressemblent à des bras et à des jambes de géants. On dirait que la chaleur du soleil n'a jamais pénétré jusque-là. Après avoir d'un souffle éloigné les brouillards, j'aperçus une maison construite avec les débris d'un navire, et couverte de peaux de morses. Sur le toit grognait un ours blanc. Puis je me rendis au rivage, où je m'amusai à regarder les nids d'oiseaux dont les petits encore nus commençaient à crier. Je soufflai à la fois dans mille de ces gosiers et leur appris ainsi à fermer le bec. Plus loin se roulaient les morses avec leurs têtes de porc et leurs dents longues d'une aune.

— Tu racontes bien, mon garçon, dit la mère; l'eau me vient à la bouche en t'écoutant.

— On commença la pêche. Les harpons furent jetés dans les flancs d'un morse, et un jet de sang fumant s'éleva sur la glace. Alors je pensai à mon rôle; je me mis à souffler et j'ordonnai à mes troupes, les hautes montagnes de glace, de marcher contre les bateaux pêcheurs. Quel tumulte alors! comme on criait, comme on sifflait! mais je sifflais plus fort qu'eux. Ils furent obligés de débarquer sur la glace les morses tués, les caisses et tous les agrès. Ensuite je secouai sur eux les flocons de neige, et je les fis cingler vers le Sud. Ils ne retourneront jamais au pays des ours.

— Que de mal tu as fait! dit la mère des Vents.

— Les autres raconteront ce que j'ai fait de bien. Voici mon frère de l'Ouest qui arrive; il est le meilleur de tous, il sent la mer et apporte toujours une fraîcheur délicieuse.

— Est-ce le petit Zéphyr? demanda le prince.

— Oui, c'est Zéphyr, mais il n'est pas si petit. Autrefois c'était un joli garçon; aujourd'hui il est bien changé. »

Zéphyr ressemblait à un sauvage; il portait un bourrelet pour se garantir la tête, et tenait à la

main une massue de véritable acajou coupée dans
les forêts de l'Amérique.

« D'où viens-tu? demanda la mère.

— Des forêts désertes où les lianes épineuses
forment une haie entre chaque arbre, où le serpent aquatique se roule dans l'herbe humide, et
où l'homme est de trop.

— Que faisais-tu là?

— Je regardais le fleuve qui jaillit du roc se
changer en poussière et monter dans les nues
pour y former l'arc-en-ciel. J'ai vu le buffle sauvage emporté par le torrent : une bande de ca-

nards le suivait sur l'eau, mais ils prirent leur
vol en arrivant aux cataractes, tandis que lui fut
entraîné au fond. Quel beau spectacle ! Transporté
de joie, je soufflai une tempête avec tant de force
que les vieux arbres furent déracinés et livrés au
vent comme des feuilles.

— Et tu n'as pas fait autre chose?

— J'ai fait des culbutes dans les savanes, j'ai
caressé les chevaux sauvages et abattu les noix
des cocotiers. Oh ! j'en aurais à raconter, mais il ne
faut pas toujours tout dire. N'est-ce pas, vieille?»

Et il embrassa si fort sa mère qu'il faillit la ren-
verser. En vérité, c'était un garçon bien sauvage.

Alors entra le Vent du Sud avec le turban et le
manteau flottant du Bédouin.

« Qu'il fait froid ici ! dit-il; et il jeta du bois
dans le feu. On sent bien que le Vent du Nord
est arrivé le premier.

— Il fait assez chaud ici pour rôtir un ours
blanc, répliqua le Vent du Nord.

— Ours blanc toi-même ! répondit le Vent du
Sud.

— Tenez-vous tranquilles, ou je vous fourre
dans le sac ! s'écria la vieille. Voyons, assieds-toi
sur cette pierre, et dis-nous où tu es allé.

— En Afrique, ma mère, répondit le Vent du
Sud. J'ai été à la chasse aux lions avec les Hotten-
tots dans le pays des Cafres. L'herbe qui pousse

dans les plaines ressemble à des oliviers. Une autruche m'a défié à la course, mais je suis plus leste
que l'autruche. Ensuite, j'arrive au désert, où le
sable jaune vous produit l'effet du fond de la mer.
Une caravane vint à passer, elle tua son dernier
chameau pour apaiser sa soif; mais l'animal ne
renfermait qu'une bien petite provision d'eau. Le
soleil brûlait la tête des voyageurs, et le sable
leur grillait les pieds. Le désert s'étendait à l'infini. Alors, me roulant dans le sable fin et léger,
je le fis tourbillonner en colonnes rapides. Quelle
danse! c'était curieux à voir. Le dromadaire s'arrêtait effrayé; le marchand, enveloppant sa tête
de son cafetan, se prosternait devant moi comme
devant Allah, son Dieu. Maintenant ils sont tous
enterrés, et une pyramide de sable s'élève au-
dessus de leurs corps; mais je n'ai qu'à souffler
dessus pour que le soleil blanchisse leurs os, et
les voyageurs verront que d'autres hommes les
ont précédés dans cet endroit. Sans cela, ils ne le
croiraient jamais.

— Tu n'as fait que du mal, dit la mère; marche
vite dans le sac! »

Et aussitôt elle saisit le Vent du Sud par le milieu du corps et le fourra dans le sac. Il se roula
par terre avec rage; mais elle s'assit dessus, et
force fut au rebelle de se tenir tranquille.

« Vous avez là des fils intrépides, dit le prince.

— Intrépides en effet, répondit-elle; mais je sais les contenir. Voici le quatrième qui revient. »

C'était le Vent d'Est, habillé en Chinois.

« Ah ! tu viens de ce côté-là, dit la mère; je te croyais au jardin du Paradis.

— Je n'y vais que demain, répondit le Vent d'Est. Demain, il y aura juste cent ans que je n'y suis allé. J'arrive aujourd'hui de la Chine, où j'ai dansé autour de la tour de porcelaine en faisant sonner toutes ses clochettes. Pendant ce temps les fonctionnaires dans la rue recevaient la bastonnade, les bambous se brisaient sur leur dos, quoique ce fussent des gens de la première à la neuvième classe. Cependant ils criaient au milieu des coups : « Nous te remercions notre père et notre bien- « faiteur ! » Mais ils pensaient tout le contraire, et je faisais de nouveau sonner les clochettes qui chantaient : tzing, tzang, tzu !

— Comme tu es gai ! dit la vieille. Il est bon que tu ailles demain au jardin du Paradis; ton éducation s'en ressentira. Bois un bon coup à la source de la sagesse et rapporte-m'en une petite bouteille.

— Je n'y manquerai pas; mais pourquoi as-tu mis mon frère du Sud dans le sac? Il doit me parler de l'oiseau phénix, dont la princesse du jardin du Paradis me demande des nouvelles tous les cent ans, quand je lui rends visite. Ouvre le sac et je t'aimerai bien; je te ferai cadeau de tout le thé

dont j'ai rempli mes deux poches, du thé bien
vert et bien frais, que j'ai cueilli dans le pays
même.

— Soit! à cause du thé, et parce que tu es mon
petit chéri, j'ouvrirai le sac. »

Le Vent du Sud fut mis en liberté, tout honteux
d'avoir été puni devant un prince étranger.

« Voici une feuille de palmier pour la princesse,
dit le Vent du Sud; le vieil oiseau phénix, le seul
qui existe au monde, me l'a donnée, et il y a tracé
avec son bec toute l'histoire de sa vie. La princesse
pourra donc lire cette biographie elle-même. J'ai
vu le phénix incendier son propre nid et s'y faire
brûler comme la femme d'un Hindou. Quel parfum
et quelle fumée ces branches sèches répandaient!
Enfin les flammes avaient tout consumé, le vieil
oiseau n'était plus que de la cendre; mais son œuf,
rouge et brillant au milieu du feu, se fendit avec
un grand éclat, et donna passage à son petit, qui
est aujourd'hui le roi des oiseaux et le seul phénix du monde. Il a fait avec son bec un trou dans
cette feuille de palmier; c'est ainsi qu'il présente
ses hommages à la princesse.

— Mangeons maintenant, » dit la mère des Vents.

Et tous s'assirent pour manger le cerf rôti. Le
prince se plaça à côté du Vent d'Est, et bientôt
tous les deux se lièrent d'amitié.

« Dis-moi un peu, commença le prince, quelle

est cette princesse dont vous parlez tant ici, et où est situé le jardin du Paradis?

— Oh, oh! répondit le Vent d'Est, si tu veux y aller, accompagne-moi demain; seulement je dois te faire observer que depuis Adam et Ève aucun homme n'y a mis les pieds. Est-ce que tu ne sais pas cela par la Bible?

— Certainement, dit le prince.

— Lorsqu'ils furent chassés, continua le Vent d'Est, le jardin du Paradis s'enfonça dans la terre, tout en conservant l'éclat bienfaisant du soleil, sa douce température et toute sa magnificence. Il sert de résidence à la reine des fées, et il renferme l'île de la Félicité, séjour délicieux où la mort est inconnue. Tu pourras grimper demain sur mon dos, et je t'emmènerai, je crois, sans difficulté. Mais à présent, tais-toi; j'ai besoin de dormir. »

Là-dessus ils s'endormirent tous.

Le lendemain, en s'éveillant, le prince ne fut pas peu surpris de se trouver au milieu des nuages; le Vent d'Est le portait fidèlement sur ses épaules. Ils montèrent si haut, que les forêts, les champs, les fleuves et les lacs ne semblaient plus à leurs yeux qu'une grande carte géographique coloriée.

« Bonjour, dit le Vent d'Est; tu aurais bien pu dormir encore un peu, car il n'y a pas grand'chose à voir dans le pays plat au-dessous de nous, à moins que tu n'aies envie de compter les églises,

qui ressemblent à des points blancs sur un tapis
vert. »

C'est ainsi qu'il appelait les champs et les prairies.

« Je suis bien contrarié, dit le prince, de n'avoir
pas fait mes adieux à ta mère et à tes frères.

— Le sommeil t'excuse, » répondit le Vent d'Est
en accélérant son vol.

Les branches et les feuilles bruissaient sur la
cime des arbres partout où ils passaient ; la mer
et les lacs s'agitaient, les vagues s'élevaient, et les
grands vaisseaux, semblables à des cygnes, s'inclinaient profondément dans l'eau.

A l'approche de la nuit, les grandes villes prirent un aspect bien curieux ; les lumières brillaient çà et là, pareilles aux étincelles qui courent
encore autour d'un morceau de papier brûlé. Le
prince, au comble de la joie, battait des mains ;
mais le Vent d'Est le pria de se tenir tranquille,
sans quoi il risquerait de tomber et de rester ac-
croché à la pointe d'un clocher.

L'aigle vole facilement au-dessus des forêts
noires, mais le Vent d'Est volait encore avec plus
de légèreté. Le Cosaque sur son petit cheval agile
dévore l'espace, mais le prince galopait encore
plus vite.

« Maintenant tu peux voir l'Himalaya, dit le
Vent d'Est, la plus haute montagne de l'Asie.

Bientôt nous serons arrivés au jardin du Paradis. »

Ils tournèrent leur vol du côté du Midi, et bientôt le parfum des épices et des fleurs monta jusqu'à eux. Le figuier et le grenadier poussaient d'eux-mêmes, et la vigne sauvage portait des grappes bleues et rouges. Nos deux voyageurs descendirent et se couchèrent sur le gazon moelleux où les fleurs saluaient le Vent comme pour lui dire : « Sois le bienvenu. »

« Sommes-nous dans le jardin du Paradis? demanda le prince.

— Pas encore; mais bientôt nous serons rendus. Vois-tu cette muraille de rochers et cette grande caverne devant laquelle les branches de vigne forment des rideaux verts? Il nous faudra passer par là. Enveloppe-toi bien dans ton manteau; car ici le soleil brûle, mais quelques pas plus loin il fait un froid glacial. L'oiseau qui garde l'entrée de la grotte reçoit sur une de ses ailes, étendue en dehors, les chauds rayons de l'été, et sur l'autre, déployée en dedans, le souffle froid de l'hiver. »

Ils pénétrèrent dans la caverne. Ouf! comme il y faisait un froid glacial! mais cela ne dura pas longtemps. Le Vent d'Est étendit ses ailes, qui brillèrent comme des flammes et éclairèrent l'intérieur de la caverne. Au-dessus de leurs têtes étaient suspendus de gros blocs de pierre aux formes bi-

zarres, d'où suintaient des gouttes d'eau étincelantes. Le passage était tantôt si étroit qu'il fallait
ramper sur les mains et sur les genoux, tantôt si
large qu'on se croyait en plein air. On eût dit des
chapelles funèbres avec des orgues muettes et des
drapeaux pétrifiés.

« Il faut donc passer par le chemin de la
mort pour arriver au Paradis ? » demanda le
prince.

Mais le Vent d'Est, sans répondre, fit un signe de
la main et montra une magnifique lumière bleue
qui brillait du côté où ils se dirigeaient. Les blocs
de pierre se transformèrent peu à peu en brouillard, et ce brouillard finit par devenir aussi transparent qu'un nuage blanc et mince, éclairé par la
lune. Nos voyageurs se trouvaient dans une atmosphère douce et délicieuse comme celle des montagnes, parfumée comme celle d'une vallée de rosiers.

Il y coulait une rivière transparente comme l'air,
remplie de poissons d'or et d'argent. Des anguilles
rouges comme la pourpre faisaient jaillir des étincelles bleuâtres en se jouant au fond des eaux ; les
larges feuilles des roses marines brillaient des
couleurs de l'arc-en-ciel ; la fleur elle-même était
une flamme rouge et jaune alimentée par l'eau,
comme une lampe par l'huile. Un pont de marbre
taillé avec tout l'art et toute la délicatesse des

dentelles et des perles conduisait à l'île de la Félicité, où fleurissait le jardin du Paradis.

Le Vent d'Est prit le prince dans ses bras pour
le faire passer, tandis que les fleurs et les feuilles
entonnaient les plus belles chansons de son enfance. Étaient-ce des palmiers ou de colossales
plantes aquatiques qui poussaient là? Jamais le
prince n'avait vu arbres aussi beaux ni aussi vigoureux. On y admirait de longues guirlandes formées par des plantes étranges entrelacées, telles
qu'on les trouve seulement peintes en couleur et
en or sur les marges des anciens livres de prières
ou autour des lettres initiales. C'étaient de bizarres
collections d'oiseaux et de fleurs. Tout près de là
se tenaient une foule de paons avec leurs queues
brillantes et déployées; mais le prince en les touchant vit que c'étaient d'énormes feuilles aux couleurs éblouissantes.

Le lion et le tigre, apprivoisés comme de petits
chats, jouaient dans les haies vertes et parfumées;
le ramier, resplendissant comme une perle, frappait de ses ailes la crinière du lion, et l'antilope,
ailleurs si craintive, regardait tranquillement et
avec envie les jeux des autres animaux.

Voici la fée du Paradis qui arrive; ses vêtements
rayonnent comme le soleil, son visage sourit avec
la tendresse d'une mère qui admire son enfant
chéri. Elle est jeune et belle, et accompagnée d'une

troupe de jeunes filles portant chacune une brillante étoile dans les cheveux.

Le Vent d'Est lui donne la feuille de l'oiseau phénix, et la fée, transportée de joie, prenant le prince par la main, l'introduit dans son château, dont les murs semblent tapissés de feuilles de tulipes bigarrées, et dont le plafond, d'une hauteur incommensurable, n'est qu'une grande fleur rayonnante.

Le prince, s'étant approché d'une fenêtre, aperçut l'arbre de la science avec le serpent, et non loin de là, Adam et Ève.

« N'ont-ils pas été chassés? » demanda-t-il.

La fée sourit et lui expliqua comment le temps avait imprimé une image sur chaque carreau, et comment ses images, bien différentes des peintures ordinaires, étaient douées de la vie. Les feuilles des arbres y remuaient, les hommes allaient et venaient, comme dans une glace; oui, tous les événements de ce monde se reflétaient ainsi dans les vitres en tableaux animés, que le temps seul avait pu produire. Le prince y vit aussi le rêve de Jacob, l'échelle touchant au ciel, et les anges répandus sur les degrés avec leurs ailes ouvertes.

Arrivé dans une autre salle grande et élevée dont les murs semblaient transparents, il se trouva entouré de mille figures, toutes plus belles les unes que les autres. C'étaient les bienheureux,

qui souriaient et chantaient en confondant leurs
voix dans une immense harmonie. Les figures du
cercle le plus élevé paraissaient aussi petites que
le moindre bouton de rose figuré sur le papier
comme un point coloré. Au milieu de cette salle
se dressait un grand arbre dont les branches portaient des pommes d'or grosses et petites, scintil-
lant parmi les feuilles vertes. C'était l'arbre de la
science. Chaque feuille laissait tomber une goutte
de rosée rouge et brillante comme une larme de
sang.

« Montons en bateau, dit la fée, nous nous ra-
fraîchirons sur l'eau légèrement agitée ; le bateau
s'y balance sans avancer, tandis que tous les pays
du monde passent devant nos yeux. »

Que le mouvement du rivage était étrange ! Le
prince vit défiler les hautes Alpes couvertes de
neige, avec leurs nuages et leurs sapins noirs ; le
cor sonnait mélancoliquement, et les bergers
chantaient dans le vallon. Ensuite les bananiers
étendirent leurs longues branches jusqu'à la barque ; des cygnes noirs nagèrent sur l'eau ; les animaux et les fleurs les plus bizarres se montrèrent
sur la rive. C'était la Nouvelle-Hollande, la cinquième partie du monde, qui passait en présen-
tant la perspective de ses montagnes bleues. On
entendait les chants des prêtres, et on voyait danser les sauvages au son du tambour et des tubes

d'os. Vinrent ensuite les pyramides d'Égypte, touchant aux nues; des colonnes et des sphinx renversés, à moitié enfouis dans le sable. Puis apparurent les aurores boréales des pays du pôle; c'étaient des feux d'artifice sans pareils. Le prince était ravi au delà de toute expression; il vit cent fois plus de merveilles que nous ne pouvons en énumérer ici.

« Pourrai-je toujours rester ici? demanda-t-il.

— Cela dépend de toi, répondit la fée. Si tu ne te laisses pas séduire, comme Adam, par ce qui est défendu, tu pourras y demeurer éternellement.

— Je ne toucherai pas aux pommes de l'arbre de la science, dit le prince; il y a ici mille autres fruits aussi beaux qu'elles.

— Éprouve-toi toi-même, reprit la fée, et, si tu ne te sens pas assez fort, repars avec le Vent d'Est qui t'a amené. Il va nous quitter pour cent années. Toutes ces années-là, si tu restes, ne te paraîtront pas plus longues que cent heures; cela suffira bien pour la tentation et le péché. Chaque soir, en te laissant, je te crierai : « Suis-moi ! » Je te ferai signe de la main, et tu devras rester en arrière; autrement tes désirs grandiraient à chaque pas. Tu visiteras la salle où se trouve l'arbre de la science; je dors sous ses branches parfumées; je t'appellerai, mais si tu t'approches, le

Paradis s'engloutira sous la terre, et tu l'auras perdu pour jamais. Le vent terrible du désert sifflera autour de ta tête; une pluie froide et piquante dégouttera de tes cheveux; la peine et la misère deviendront ton partage.

— Je reste, » dit le prince.

Le Vent d'Est l'embrassa, et dit : « Sois fort; dans cent ans nous nous reverrons. Adieu, adieu!

Puis il étendit ses larges ailes, qui brillaient comme les éclairs en automne, ou comme l'aurore boréale par un hiver rigoureux.

« Adieu, adieu! » répétèrent toutes les fleurs et tous les arbres.

Des files de cigognes et de pélicans s'élevèrent dans les airs et accompagnèrent le Vent d'Est comme des rubans flottants, jusqu'aux limites du jardin.

« Nous allons commencer nos danses dit la fée, et, à l'heure où le soleil se couche, je me pencherai vers toi, et je te dirai : « Viens avec moi. » Prends bien garde de m'écouter! Tu subiras cette épreuve tous les soirs pendant cent ans; mais chaque jour tu deviendras plus fort pour résister à la tentation, et à la fin, tu n'y penseras plus. Ce soir, c'est la première épreuve; te voilà averti. »

Et la fée le conduisit dans une grande salle construite avec des lis d'une blancheur transparente; les filaments jaunes de chaque fleur formaient une

petite harpe d'or qui rendait des sons enchanteurs. Des jeunes filles belles et gracieuses, vêtues
de crêpes onduleux, se livraient à la danse et
chantaient en même temps les délices de leur
existence et toutes les merveilles du jardin du
Paradis, qui doit fleurir éternellement.

Le soleil descendait à l'horizon, et le ciel prenait une teinte d'or rougeâtre qui donnait aux lis
l'éclat des roses.

Les jeunes filles présentèrent au prince un vin
mousseux qu'il but avec délices. Le fond du salon
s'ouvrit et l'arbre de la science se montra au jeune
homme dans un tel éclat que ses yeux en furent
éblouis.

Un chant doux et harmonieux comme la voix de
sa mère se fit entendre, et il semblait dire : « Mon
enfant, mon cher enfant !

Alors la fée l'appela ; et le prince vola vers
elle, oubliant sa promesse dès le premier soir.
Cependant, en approchant de l'arbre, il eut un
moment d'hésitation : mais il en triompha bien
vite.

« Il n'y a pas de péché, se dit-il, à suivre la
beauté pour l'admirer. J'ai encore assez d'empire
sur moi pour ne pas enfreindre sa défense. »

La fée tira à elle quelques branches de l'arbre,
et, un moment après, elle se trouva cachée entièrement.

« Je n'ai pas encore péché, dit le prince, et je n'ai pas l'intention de le faire. »

A ces mots il écarta les branches. La fée dormait déjà, elle souriait en rêvant; mais, comme il se penchait vers elle, il vit des larmes dans ses yeux.

« Ne pleure pas à cause de moi, être admirable! souffla-t-il; ce n'est que maintenant que je comprends la félicité du Paradis! Elle coule dans mon sang, elle envahit ma pensée; je sens dans mon corps terrestre la force du chérubin et sa vie éternelle! Que la nuit pour moi soit éternelle désormais! Une minute comme celle-ci, c'est assez de bonheur. »

Et il essuya de ses baisers les larmes qui coulaient.

En ce moment, un coup de tonnere effroyable éclata; tout s'écroula avec fracas; le prince vit la belle fée et le Paradis merveilleux s'enfoncer peu à peu dans une nuit épaisse, jusqu'à ce qu'enfin ils ne parurent plus que comme une petite étoile dans le lointain. Un froid mortel pénétra tous ses membres, il ferma les yeux et tomba par terre comme inanimé.

Une pluie froide qui mouillait son visage et un vent piquant qui sifflait autour de sa tête le rappelèrent à lui. « Qu'ai-je fait? s'écria-t-il en gémissant; j'ai péché comme Adam; pour moi comme pour lui le Paradis est perdu. »

Et ouvrant les yeux, il vit au loin une étoile qui brillait comme la dernière lueur du Paradis englouti. C'était l'étoile du matin qui apparaissait

dans le ciel. Puis, jetant ses regards autour de lui, il se trouva dans la grande forêt, près de la caverne des Vents, et vit leur vieille mère assise à son côté. Elle paraissait en colère, et lui dit d'un ton menaçant :

« Quoi! déjà le premier soir! Je m'en doutais ; si tu étais mon fils, je te mettrais dans le sac.

— Il y entrera ! dit la Mort, une grande vieille femme encore vigoureuse, tenant à la main une faux et agitant sur ses épaules deux longues ailes noires. Il sera mis dans un cercueil ; mais le moment n'est pas venu. Qu'il voyage encore dans le monde pour expier son péché et devenir meilleur. Puis, lorsqu'il s'y attendra le moins, je reviendrai le mettre dans une caisse noire que je placerai sur ma tête, pour le porter en volant jusqu'à l'étoile qui brille là-haut. Là aussi fleurit le jardin du Paradis, et, si cet homme devient bon et pieux, il y entrera ; mais si ses pensées sont mauvaises et son cœur corrompu, il tombera dans cette caisse plus bas que n'est tombé le Paradis, et je n'irai le chercher qu'au bout de mille ans pour l'enfoncer encore plus bas ou pour le faire remonter vers la petite étoile. »

LA GROSSE AIGUILLE.

Il y avait un jour une aiguille à repriser : elle se trouvait elle-même si fine qu'elle s'imaginait être une aiguille à coudre.

« Maintenant, faites bien attention, et tenez-moi bien, dit la grosse aiguille aux doigts qui allaient la prendre. Ne me laissez pas tomber ; car, si je tombe par terre, je suis sûre qu'on ne me retrouvera jamais. Je suis si fine !

— Laisse faire, dirent les doigts, et ils la saisirent par le corps.

— Regardez un peu ; j'arrive avec ma suite, » dit la grosse aiguille en tirant après elle un long fil ; mais le fil n'avait point de nœud.

Les doigts dirigèrent l'aiguille vers la pantoufle de la cuisinière : le cuir en était déchiré dans la partie supérieure, et il fallait le raccommoder.

« Quel travail grossier ! dit l'aiguille ; jamais je ne pourrai traverser : je me brise, je me brise. »

Et en effet elle se brisa.

« Ne l'ai-je pas dit? s'écria t-elle ; je suis trop fine.

— Elle ne vaut plus rien maintenant, » dirent les doigts.

Pourtant ils la tenaient toujours. La cuisinière lui fit une tête de cire, et s'en servit pour attacher son fichu.

« Me voilà devenue broche ! dit l'aiguille. Je savais bien que j'arriverais à de grands honneurs. Lorsqu'on est quelque chose, on ne peut manquer de devenir quelque chose. »

Et elle se donnait un air aussi fier que le cocher d'un carrosse d'apparat, et elle regardait de tous côtés.

« Oserai-je vous demander si vous êtes d'or ? dit l'épingle sa voisine. Vous avez un bel extérieur et une tête extraordinaire ! seulement, elle est un peu trop petite ; faites vos efforts pour qu'elle devienne plus grosse, afin de n'avoir pas plus besoin de cire que les autres. »

Et là-dessus notre orgueilleuse se roidit et redressa si fort la tête, qu'elle tomba du fichu dans l'évier que la cuisinière était en train de laver.

« Je vais donc voyager, dit l'aiguille ; pourvu que je ne me perde pas ! »

Elle se perdit en effet.

« Je suis trop fine pour ce monde-là ! dit-elle pendant qu'elle gisait sur l'évier. Mais je sais ce que je suis, et c'est toujours une petite satisfaction. »

Et elle conservait son maintien fier avec toute sa bonne humeur.

Et une foule de chose passèrent au-dessus d'elle en nageant, des brins de bois, des pailles et des morceaux de vieilles gazettes.

« Regardez un peu comme tout ça nage! dit-elle. Ils ne savent pas seulement ce qui se trouve par hasard au-dessous d'eux : c'est moi pourtant! Voilà un brin de bois qui passe; il ne pense à rien au monde qu'à lui-même, à un brin de Bois!... Tiens, voilà une paille qui voyage! Comme elle tourne, comme elle s'agite! Ne va donc pas ainsi sans faire attention; tu pourrais te cogner contre une pierre. Et ce morceau de journal! comme il se pavane! Cependant il y a longtemps qu'on a oublié ce qu'il disait. Moi seule je reste patiente et tranquille; je sais ma valeur et je la garderai toujours. »

Une jour, elle sentit quelque chose à côté d'elle, quelque chose qui avait un éclat magnifique, et que l'aiguille prit pour un diamant. C'était un tesson de bouteille. L'aiguille lui adressa la parole, parce qu'il luisait et se présentait comme une broche.

« Vous êtes sans doute un diamant?

— Quelque chose d'approchant. »

Et alors chacun d'eux fut persuadé que l'autre était d'un grand prix. Et leur conversation roula principalement sur l'orgueil qui règne dans le monde.

« J'ai habité une boîte qui appartenait à une demoiselle, dit l'aiguille. Cette demoiselle était cuisinière. A chaque main elle avait cinq doigts. Je n'ai jamais rien connu d'aussi prétentieux et d'aussi fier que ces doigts; et cependant ils n'étaient faits que pour me sortir de la boîte et pour m'y remettre.

— Ces doigts-là étaient-ils nobles de naissance? demanda le tesson.

— Nobles! reprit l'aiguille, non, mais vaniteux. Ils étaient cinq frères.... et tous étaient nés.... doigts! Ils se tenaient orgueilleusement l'un à côté de l'autre, quoique de différente longueur. Le plus en dehors, le pouce, court et épais, restait à l'écart; comme il n'avait qu'une articulation, il ne pouvait se courber qu'en un seul endroit; mais il disait toujours que, si un homme l'avait une fois perdu, il ne serait plus bon pour le service militaire.

« Le second doigt goûtait tantôt des confitures et tantôt de la moutarde; il montrait le soleil et la lune, et c'était lui qui appuyait sur la plume lorsqu'on voulait écrire.

« Le troisième regardait par-dessus les épaules

de tous les autres. Le quatrième portait une ceinture d'or, et le petit dernier ne faisait rien du tout : aussi en était-il extraordinairement fier. On ne trouvait rien chez eux que de la forfanterie, et encore de la forfanterie : aussi je les ai quittés.

— Et maintenant, nous voilà assis ici, et nous brillons, » dit le tesson.

A ce moment, on versa de l'eau dans l'évier. L'eau coula par-dessus les bords et les entraîna.

« Voilà que nous avançons enfin ! » dit l'aiguille.

Le tesson continua sa route, mais l'aiguille s'arrêta dans le ruisseau. « Là ! je ne bouge plus ; je suis trop fine ; mais j'ai bien droit d'en être fière ! »

Effectivement, elle resta là tout entière à ses grandes pensées.

« Je finirai par croire que je suis née d'un rayon de soleil, tant je suis fine ! Il me semble que les rayons de soleil viennent me chercher jusque dans l'eau. Mais je suis si fine que ma mère ne peut pas me trouver. Si encore j'avais l'œil qu'on m'a enlevé, je pourrais pleurer du moins ! Non, je ne voudrais pas pleurer : ce n'est pas digne de moi ! »

Un jour, des gamins vinrent fouiller dans le ruisseau. Ils cherchaient de vieux clous, des liards et autres richesses pareilles. Le travail n'était pas ragoûtant; mais que voulez-vous? ils y trouvaient leur plaisir, et chacun prend le sien où il le trouve.

« Oh! la, la! s'écria l'un d'eux en se piquant à l'aiguille. En voilà une gueuse!

— Je ne suis pas une gueuse; je suis une demoiselle distinguée, » dit l'aiguille.

Mais personne ne l'entendait. En attendant, la circ s'était détachée, et l'aiguille était redevenue noire des pieds à la tête; mais le noir fait paraître la taille plus svelte, elle se croyait donc plus fine que jamais.

« Voilà une coque d'œuf qui arrive, » dirent les gamins; et ils attachèrent l'aiguille à la coque.

« A la bonne heure! dit-elle; maintenant je dois faire de l'effet, puisque je suis noire et que

les murailles qui m'entourent sont toutes blanches. On m'aperçoit, au moins ! Pourvu que je
n'attrape pas le mal de mer ; cela me briserait. »

Elle n'eut pas le mal de mer et ne fut point
brisée.

« Quelle chance d'avoir un ventre d'acier quand
on voyage sur mer ! C'est par là que je vaux mieux
qu'un homme. Qui peut se flatter d'avoir un ventre pareil ? voilà une bonne constitution ! Plus on
est fin, moins on est exposé. »

Crac ! fit la coque. C'est une voiture de roulier
qui passait sur elle.

« Ciel ! que je me sens oppressée ! dit l'aiguille ;
je crois que j'ai le mal de mer : je suis toute
brisée. »

Elle ne l'était pourtant pas, quoique la voiture
eût passé sur elle. Elle gisait comme auparavant,
étendue tout de son long dans le ruisseau. Qu'elle
y reste !

LES FLEURS DE LA PETITE IDA.

« Mes pauvres fleurs sont toutes mortes, dit la petite Ida. Hier soir elles étaient encore si belles! et maintenant toutes leurs feuilles pendent desséchées. D'où cela vient-il? » demanda-t-elle à l'étudiant qui était assis sur le canapé et qu'elle aimait beaucoup.

Il savait raconter les histoires les plus jolies, et découper des images si amusantes, des cœurs avec de petites femmes qui dansaient, des fleurs et de grands châteaux dont on pouvait ouvrir la porte. Oh! c'était un joyeux étudiant.

« Pourquoi mes fleurs ont-elles aujourd'hui une mine si triste? demanda-t-elle une seconde fois en lui montrant un bouquet tout desséché.

— Je vais te dire ce qu'elles ont, dit l'étudiant. Tes fleurs ont été cette nuit au bal, et voilà pourquoi leurs têtes sont ainsi penchées.

— Cependant les fleurs ne savent pas danser, dit la petite Ida.

— Si vraiment, répondit l'étudiant. Lorsqu'il

fait noir et que nous dormons nous autres, elles sautent et s'en donnent à cœur joie, presque toutes les nuits

— Et les enfants ne peuvent-ils pas aller à leur bal?

— Si, répondit l'étudiant; les enfants du jardin, les petites marguerites et les petits muguets.

— Où dansent-elles, les belles fleurs? demanda la petite Ida.

— N'es-tu jamais sortie de la ville, du côté du grand château où le roi fait sa résidence l'été, et où il y a un jardin magnifique rempli de fleurs? Tu as bien vu les cygnes qui nagent vers toi, quand tu leur donnes des miettes de pain? Crois-moi, c'est là que se donnent les grands bals.

— Mais je suis allée hier avec maman au jardin, répliqua la jeune fille; il n'y avait plus de feuilles aux arbres, et pas une seule fleur. Où sont-elles donc? J'en ai tant vu pendant l'été!

— Elles sont dans l'intérieur du château, dit l'étudiant. Dès que le roi et les courtisans retournent à la ville, les fleurs quittent promptement le jardin, entrent dans le château et mènent joyeuse vie. Oh! si tu voyais cela! Les deux plus belles roses s'asseyent sur le trône, et elles sont roi et reine. Les crêtes-de-coq écarlates se rangent des deux côtés et s'inclinent: ce sont les officiers de la maison royale. Ensuite viennent les

autres fleurs, et on fait un grand bal.... Les violettes bleues représentent les élèves de marine;
elles dansent avec les jacinthes et les crocus,
qu'elles appellent mesdemoiselles. Les tulipes et
les grands lis rouges sont de vieilles dames chargées de veiller à ce qu'on danse convenablement
et à ce que tout se passe comme il faut.

— Mais, demanda la petite Ida, n'y a-t-il personne qui punisse les fleurs pour danser dans le
château du roi?

— Presque personne ne le sait, dit l'étudiant.
Il est vrai que quelquefois, pendant la nuit, arrive
le vieil intendant qui doit faire sa ronde. Il a un
grand trousseau de clefs sur lui, et dès que les
fleurs en entendent le cliquetis, elles se tiennent
toutes tranquilles, se cachant derrière les longs
rideaux et ne montrant que la tête. « Je sens qu'il
« y a des fleurs ici, » dit le vieil intendant; mais
il ne peut pas les voir.

— C'est superbe, dit la petite Ida en battant des
mains. Est-ce que je ne pourrais pas voir les
fleurs danser, moi aussi?

— Peut-être, dit l'étudiant. Penses-y, lorsque
tu retourneras dans le jardin du roi. Regarde par
la fenêtre et tu les verras. Je l'ai fait aujourd'hui
même; il y avait un long lis jaune qui était étendu
sur le canapé. C'était une dame de la cour.

— Mais les fleurs du Jardin des Plantes y vont-elles aussi? Comment peuvent-elles faire ce long chemin ?

— Mais, dit l'étudiant, si elles veulent, elles peuvent voler. N'as-tu pas vu les beaux papillons rouges, jaunes et blancs? est-ce qu'ils ne ressemblent pas tout à fait aux fleurs? c'est qu'ils n'ont pas d'abord été autre chose. Les fleurs ont quitté leur tige et se sont élevées dans les airs : là elles ont agité leurs feuilles comme de petites ailes, et ont commencé à voler. Et, parce qu'elles se sont bien conduites, elles ont obtenu la permission de voler toute la journée, et elles n'ont plus besoin de rester chez elles attachées à leur tige. C'est ainsi qu'à la fin les feuilles sont devenues de véritables ailes. Mais tu l'as vu toi-même. Du reste, il se peut que les fleurs du Jardin des Plantes ne soient jamais allées dans le jardin du roi, et même qu'elles ignorent qu'on y mène la nuit si joyeuse vie. C'est pourquoi je veux te dire quelque chose qui fera ouvrir de grands yeux au professeur de botanique notre voisin. Lorsque tu iras dans le jardin, annonce à une fleur qu'il y a grand bal au château : celle-ci le répétera à toutes les autres, et elles s'envoleront. Vois-tu les yeux que fera le professeur, lorsqu'il ira visiter son jardin et qu'il n'y verra plus une seule fleur, sans pouvoir comprendre ce qu'elles sont devenues?

.— Mais comment une fleur pourra-t-elle le dire aux autres? Les fleurs ne savent pas parler.

— C'est vrai, répondit l'étudiant; mais elles sont très-fortes en pantomime. N'as-tu pas souvent vu les fleurs, lorsqu'il fait un peu de vent, s'incliner et se faire des signes de tête? n'as-tu pas remarqué que toutes les feuilles vertes s'agitent? Ces mouvements sont aussi intelligibles pour elles que les paroles pour nous.

— Mais le professeur, est-ce qu'il comprend leur langage? demanda Ida.

— Oui, assurément. Un jour qu'il était dans son jardin, il aperçut une grande ortie qui avec ses feuilles faisait des signes à un très-bel œillet rouge. Elle disait: « Que tu es beau! comme je t'aime! » Mais le professeur se fâcha, et il frappa les feuilles qui servent de doigts à l'ortie. Il s'y piqua, et, depuis ce temps, comme il se souvient combien il lui en a cuit la première fois, il n'ose plus toucher à une ortie.

— C'est drôle, dit la petite Ida, et elle se mit à rire.

— Comment peut-on mettre de telles. choses dans la tête d'un enfant? » dit un ennuyeux conseiller qui était entré pendant la conversation pour faire une visite et qui s'était assis sur le ca- napé.

L'étudiant ne lui plut pas, et il ne cessa de mur-

murer, tant qu'il le vit découper ses petites figures risibles et joyeuses. Ce fut d'abord un homme
pendu à une potence et tenant à la main un cœur
volé ; puis une vieille sorcière qui trottait à cheval sur un balai et portait son mari sur son nez.
Le conseiller ne pouvait supporter cette plaisan-
terie, et il répétait sans cesse sa première ré-
flexion : « Comment peut-on mettre de telles choses dans la tête d'un enfant? C'est une fantaisie
stupide ! »

Mais tout ce que l'étudiant racontait à la petite
Ida avait pour elle un charme extraordinaire, et
elle y réfléchissait beaucoup. Les fleurs avaient les
têtes penchées, parce qu'elles étaient fatiguées d'a-
voir dansé toute la nuit. Elles étaient sans doute
malades. Alors elle les emporta près de ses autres
joujoux, qui se trouvaient sur une jolie petite table
dont le tiroir était rempli de belles choses. Elle
trouva sa poupée Sophie couchée et endormie;
mais la petite lui dit: « Il faut te lever, Sophie, et
te contenter pour cette nuit du tiroir. Les pauvres fleurs sont malades et ont besoin de prendre
ta place. Ça les guérira peut-être. »

Et elle enleva la poupée. Celle-ci eut l'air tout
contrarié, et ne dit pas un seul mot, tant elle était
fâchée de ne pas pouvoir rester dans son lit!

Ida posa les fleurs dans le lit de Sophie, les couvrit bien avec la petite couverture et leur dit de

se tenir gentiment tranquilles; elle allait leur faire du thé pour qu'elles pussent redevenir joyeuses et se lever le lendemain matin. Puis elle ferma les rideaux autour du petit lit, afin que le soleil ne tombât pas sur leurs yeux.

Pendant toute la soirée, elle ne put s'empêcher de songer à ce que lui avait raconté l'étudiant, et, au moment de se coucher, elle se dirigea d'abord vers les rideaux des fenêtres, où se trouvaient les magnifiques fleurs de sa mère, jacinthes et tulipes, et leur dit tout bas : « Je sais que vous irez au bal cette nuit. »

Les fleurs firent comme si elles ne comprenaient rien et ne remuèrent pas une feuille; ce qui n'empêcha pas Ida de savoir ce qu'elle savait.

Quand elle fut couchée, elle pensa longtemps au plaisir que ce devait être de voir danser les fleurs dans le château du roi. « Mes fleurs y sont-elles allées? » Et elle s'endormit. Elle se réveilla dans la nuit : elle avait rêvé des fleurs, de l'étudiant et du conseiller qui l'avait grondé. Tout était silencieux dans la chambre où Ida reposait. La veilleuse brûlait sur la table, et le père et la mère dormaient.

« Je voudrais bien savoir si mes fleurs sont encore dans le lit de Sophie! Oui, je voudrais le savoir. »

Elle se leva à moitié et jeta les yeux sur la

porte entre-bâillée. Elle écouta, et il lui sembla qu'elle entendait toucher du piano dans le salon, mais si doucement et si délicatement qu'elle n'avait jamais entendu rien de pareil.

« Ce sont sans doute les fleurs qui dansent. Ah ! mon Dieu ! que je voudrais les voir ! »

Mais elle n'osa pas se lever tout à fait, de peur de réveiller son père et sa mère.

« Oh ! si elles voulaient entrer ici ! pensa-t-elle.

Mais les fleurs ne vinrent pas, et la musique continua de jouer bien doucement. A la fin, elle ne put y tenir ; c'était trop joli. Elle quitta son petit lit et alla sur la pointe du pied à la porte pour regarder dans le salon. Oh ! que c'était superbe, ce qu'elle vit !

Il n'y avait point de veilleuse, il est vrai ; mais pourtant il y faisait bien clair. Les rayons de la lune tombaient par la fenêtre sur le plancher ; on y voyait presque comme en plein jour. Toutes les jacinthes et les tulipes étaient debout sur deux longues rangées ; pas une ne restait à la fenêtre ; tous les pots étaient vides. Sur le plancher, toutes les fleurs dansaient joliment les unes au milieu des autres, faisaient toute espèce de figures, et se tenaient par leurs longues feuilles vertes pour faire la grande ronde. Au piano était assis un grand lis jaune, avec qui la petite Ida avait fait connaissance dans l'été ; car elle se rappelait fort

bien que l'étudiant avait dit : « Regarde comme ce
lis ressemble à Mlle Caroline. » Tout le monde
s'était moqué de lui, et cependant la petite Ida
crut alors reconnaître que la grande fleur jaune
ressemblait d'une manière étonnante à cette demoiselle. Elle avait en touchant du piano absolument les mêmes manières ; elle penchait sa longue figure jaune, tantôt d'un côté, tantôt de l'autre
et battait aussi la mesure avec la tête. Personne
n'avait remarqué la petite Ida. Elle aperçut ensuite un grand crocus bleu qui sautait au milieu
de la table où étaient ses joujoux et qui alla ouvrir le rideau du lit de la poupée. C'est là qu'é-
taient couchées les fleurs malades ; elles se levèrent aussitôt et dirent aux autres par un signe
de tête qu'elles avaient aussi envie de danser. Le
vieux bonhomme du vase aux parfums, qui avait
perdu la lèvre inférieure, se leva et fit un compli-
ment aux belles fleurs. Elles reprirent leur
bonne mine, se mêlèrent aux autres et se montrèrent on ne peut plus joyeuses.

Tout à coup, quelque chose tomba de la table ;
Ida regarda : c'était la verge qui s'élançait à terre ;
elle aussi parut vouloir prendre part à la fête des
fleurs. Sur elle était assise une petite poupée de
cire, qui portait un grand et large chapeau absolument semblable à celui du conseiller. La verge
sauta au milieu des fleurs, montée sur ses trois

échasses rouges, et se mit à marquer fortement
la mesure en dansant une mazurka; il n'y avait
qu'elle qui en fût capable : les autres fleurs étaient
trop légères et n'auraient jamais pu faire entendre
le même bruit avec leurs pieds.

Tout à coup, la poupée accrochée à la verge
s'allongea et grandit, se tourna vers les autres
fleurs, et s'écria tout haut : « Comment peut-on
mettre de telles choses dans la tête d'un enfant?
C'est une fantaisie stupide ! »

Et la poupée de cire ressemblait alors extraordinairement au conseiller avec son large chapeau;
elle avait le même teint jaune et le même air
grognon. Mais ses longues jambes frêles expiè-
rent son exclamation : les fleurs les frappèrent
rudement; elle se ratatina soudain, et redevint
une toute petite poupée. Comme tout cela était
amusant à voir! La petite Ida ne put s'empêcher
de rire. La verge continua de danser, et le conseiller était obligé de danser avec elle, malgré
toute sa résistance, quoique tantôt il se fît grand
et long, et tantôt reprît les proportions de la petite poupée au grand chapeau noir. Mais enfin les
autres fleurs intercédèrent pour lui, surtout celles
qui sortaient du lit de la poupée; la verge se
laissa toucher par leurs instances et se tint tranquille.

Puis quelqu'un frappa violemment dans le tiroir où étaient enfermés les autres joujoux d'Ida. L'homme du vase aux parfums courut jusqu'au bord de la table, s'étendit sur le ventre, et réussit à ouvrir un peu le tiroir. Tout à coup Sophie se leva et regarda tout étonnée autour d'elle. « Il y a donc bal ici! dit-elle; pourquoi personne ne me l'a-t-il dit?

— Veux-tu danser avec moi? dit l'homme aux parfums.

— Par exemple, en voilà un danseur! » dit-elle, et elle lui tourna le dos.

Elle s'assit ensuite sur le tiroir et pensait qu'une des fleurs allait venir l'inviter. Mais aucune d'elles ne se présenta : elle eut beau tousser et faire hum! hum! aucune n'approcha. L'homme se mit à danser tout seul, et s'en acquitta assez bien.

Comme aucune des fleurs ne semblait faire attention à Sophie, elle se laissa tomber avec un grand bruit du tiroir sur le plancher. Toutes les fleurs accoururent, lui demandèrent si elle s'était fait mal, et se montrèrent très-aimables avec elle, surtout celles qui avaient couché dans son lit. Elle ne s'était pas fait le moindre mal, et les fleurs d'Ida la remercièrent de son bon lit, la conduisirent au milieu de la salle, où brillait la lune, et se mirent à danser avec elle. Toutes les autres fleurs faisaient cercle pour les voir. Sophie, joyeuse, leur dit qu'elles pouvaient désormais garder son lit, qu'il lui était égal de coucher dans le tiroir.

Les fleurs lui répondirent : « Nous te remercions cordialement; nous ne pouvons pas vivre si longtemps. Demain nous serons mortes. Mais dis à la petite Ida qu'elle nous enterre là, dans l'endroit du jardin où est enterré le petit oiseau des Canaries. Nous ressusciterons dans l'été et nous reviendrons bien plus belles.

— Non, il ne faut pas que vous mouriez, dit Sophie; » et elle baisa les fleurs.

Mais au même instant, la porte du grand salon s'ouvrit, et une foule pressée de fleurs magnifiques entra en dansant. Ida ne pouvait comprendre d'où elles venaient. Sans doute, c'étaient toutes les fleurs du jardin du roi! A leur tête marchaient deux roses éblouissantes qui portaient de petites couronnes d'or : c'étaient le roi et la reine. Ensuite vinrent les plus charmantes giroflées, les plus beaux œillets, qui saluaient de tous côtés. Ils étaient accompagnés d'une troupe de musique; de grands pavots et des pivoines soufflaient si fort dans des cosses de pois qu'ils en avaient la figure toute rouge; les jacinthes bleues et les petites perce-neiges sonnaient comme si elles portaient de véritables sonnettes. C'était une musique bien remarquable; toutes les autres fleurs se joignirent à la bande nouvelle, et on vit danser violettes et amarantes, pâquerettes et marguerites. Elles s'embrassèrent toutes les unes les autres. C'était un spectacle délicieux.

Ensuite, les fleurs se souhaitèrent une bonne nuit, et la petite Ida se glissa dans son lit, où elle rêva à tout ce qu'elle avait vu. Le lendemain, dès qu'elle fut levée, elle courut à la petite table pour voir si les fleurs y étaient toujours. Elle ouvrit les rideaux du petit lit; elles s'y trouvaient toutes, mais encore bien plus desséchées que la veille. Sophie était couchée dans le tiroir où elle l'avait placée, et avait l'air d'avoir grand sommeil.

« Te rappelles-tu ce que tu as à me dire? » lui dit la petite Ida.

Mais Sophie avait une mine tout étonnée, et ne répondit pas un mot.

« Tu n'es pas bonne, dit Ida; pourtant, elles ont toutes dansé avec toi. »

Elle prit ensuite une petite boîte de papier qui contenait des dessins de beaux oiseaux, et elle y mit les fleurs mortes.

« Voilà votre joli petit cercueil, dit-elle. Et plus tard, lorsque mes petits cousins viendront me voir, ils m'aideront à vous enterrer dans le jardin, pour que vous ressuscitiez dans l'été et que vous reveniez plus belles. »

Les cousins de la petite Ida étaient deux joyeux

garçons; ils s'appelaient Jonas et Adolphe. Leur
père leur avait donné deux arbalètes, et ils les
emportèrent pour les montrer à Ida. La petite
fille leur raconta l'histoire des pauvres fleurs qui
étaient mortes et les invita à l'enterrement. Les
deux garçons marchèrent devant avec leurs arbalètes sur l'épaule, et la petite Ida suivit avec les
fleurs mortes dans le joli cercueil; on creusa une
petite fosse dans le jardin; Ida, après avoir donné
un dernier baiser aux fleurs, déposa le cercueil
dans la terre. Adolphe et Jonas tirèrent des coups
d'arbalète au-dessus de la tombe; car ils ne possédaient ni fusil ni canon.

LE COMPAGNON DE VOYAGE.

Le pauvre Jean était bien affligé : son père était malade et ne pouvait plus vivre. Il n'y avait qu'eux deux dans la petite chambre; la lampe se mourait sur la table, et la nuit avançait.

« Tu as été un bon fils, Jean, dit le père malade; le bon Dieu t'aidera à faire ton chemin dans le monde. »

Il le regarda de ses yeux graves, mais doux, respira profondément et mourut; il avait l'air de dormir. Jean pleurait : il n'avait plus personne au monde, ni père ni mère, ni frère ni sœur. Pauvre Jean! Agenouillé devant le lit, il baisa la main de son père mort et versa des larmes amères; mais ses yeux se fermèrent enfin, et il s'endormit, la tête appuyée contre le bois dur du lit.

Alors il eut un rêve bizarre. Il vit le soleil et la lune s'incliner devant lui; il vit son père en parfaite santé, qui riait comme autrefois dans les jours de bonne humeur. Une charmante fillette, avec une couronne d'or sur sa longue et belle

chevelure, tendit la main à Jean, et son père lui
dit : « Regarde ta fiancée, c'est la plus belle du
monde. »

Puis Jean se réveilla, la belle vision s'était éva-
nouie. Son père était étendu froid et mort dans le
lit ; personne auprès d'eux. Pauvre Jean !

Le lendemain, on enterra le mort. Jean marcha
derrière le cercueil ; il ne devait plus voir ce bon
père qu'il avait tant aimé ! Il entendit tomber la
terre sur le cercueil ; il contempla le bout qui paraissait encore, mais la terre tombait toujours, et
bientôt le cercueil fut tout à fait couvert. Alors il
sentit son cœur se briser : son affliction était si
grande ! Tout autour du tombeau, on chantait un
psaume dont l'harmonie arracha des larmes à
Jean ; ces larmes lui firent du bien. Le soleil éclai-
rait gracieusement les arbres verts, comme s'il
voulait dire : « Console-toi, Jean, regarde comme
le ciel est bel et bleu ! Là-haut est ton père, et il
prie le bon Dieu pour que tu sois toujours heureux.

— Je serai toujours bon, dit Jean, car je veux
rejoindre mon père dans le ciel, et là nous aurons
une grande joie de nous revoir ! Que j'aurai de
choses à lui raconter ! et lui, il me montrera et
m'expliquera les merveilles du ciel, comme il
m'instruisait autrefois sur la terre. Oh ! quelle
joie pour nous ! »

Jean se figurait si clairement tout cela, qu'il souriait à travers ses larmes. Là-haut, dans les marronniers, les petits oiseaux gazouillaient gaiement : « Quivit, quivit! » Et pourtant eux aussi avaient été de l'enterrement : ils savaient que le mort était dans le ciel, qu'il avait des ailes plus grandes et plus belles que les leurs, qu'il était à jamais heureux, car il avait fait le bien sur la terre; et voilà ce qui les rendait si contents.

Jean vit comme ils s'envolaient des grands arbres dans le monde, et l'envie le prit de voyager avec eux. Mais il coupa d'abord une grande croix de bois qu'il voulait mettre sur la tombe de son père, et le soir, quand il l'y porta, la tombe était ornée de sable et de fleurs. C'était l'œuvre de quelques braves gens qui avaient aimé ce bon père.

Le lendemain, de bonne heure, Jean fit son petit paquet, serra dans sa ceinture sa part d'héritage (il y avait cinquante écus et quelques petites pièces d'argent), et se prépara à parcourir le monde. Mais avant, il se rendit au cimetière, à la tombe de son père, où il dit le *Pater noster*, et s'écria : « Adieu, bon père! Moi aussi je tâcherai d'être toujours bon, pour que tu pries le bon Dieu pour moi. »

Dans les champs où Jean marchait, toutes les fleurs étaient si fraîches, si gracieuses sous la chaleur du soleil! Elles s'inclinaient au vent et semblaient dire : « Sois le bienvenu dans la verdure; n'est-ce pas qu'elle est belle? »

Mais Jean se retourna une dernière fois pour regarder la vieille église où tout petit on l'avait baptisé, où tous les dimanches il avait été avec son vieux père pour adorer le Tout-Puissant; il aperçut dans un trou, tout au haut de la tour, le petit génie de l'église avec son bonnet rouge et pointu, qui cachait derrière son bras sa figure au soleil. Jean lui fit un signe d'adieu, et le petit génie agita son bonnet rouge, mit la main sur son cœur, et lui envoya des baisers au bout de ses doigts, pour lui montrer tout le bien qu'il lui voulait et lui souhaiter bon voyage. Jean pensait maintenant à toutes les belles choses qu'il allait voir dans l'immensité du monde; il alla loin, bien loin, plus loin qu'il n'avait jamais été. Il ne connaissait ni les villes qu'il traversait ni les hommes qu'il rencontrait. Tout était nouveau pour lui.

La première nuit, il fut obligé de coucher dans les champs, sur un tas de foin; il n'avait pas d'autre lit. Mais cela lui parut charmant; le roi ne pouvait être mieux. Le champ tout entier, avec l'étang, avec le foin, ayant le ciel bleu pour plafond, formait une chambre à coucher vraiment délicieuse. L'herbe verte avec ses petites fleurs rouges et blanches, en était le tapis; les buissons de tilleuls et les haies de roses sauvages l'ornaient de bouquets ; avec son eau limpide et fraîche, l'étang servait de fontaine ; les roseaux, en s'inclinant, y disaient bonjour et bonne nuit ; la lune était comme une grande lampe suspendue au plafond bleu, et cette lampe ne risquait pas d'incendier les rideaux. Jean pouvait dormir tout à son aise, et c'est ce qu'il fit. Il ne se réveilla qu'après le lever du soleil, quand les petits oiseaux chantèrent autour de lui :

« Bonjour, bonjour ! Tu n'es donc pas encore levé ? »

Les cloches appelaient à l'église, c'était un dimanche ; le peuple s'y portait pour entendre le sermon. Jean suivit la foule, chanta un psaume, et entendit la parole de Dieu, comme s'il eût été dans la même église où tout petit on l'avait baptisé, où si souvent avec son père il avait célébré le Tout-Puissant.

Il y avait beaucoup de tombeaux dans le cimetière, et sur plusieurs poussaient de grandes herbes. Jean pensa qu'il en était peut-être ainsi du tombeau de son père, privé des soins qu'il ne pouvait plus lui donner. Il s'assit sur la terre, arracha l'herbe, releva les croix tombées, et remit à leur place les couronnes que le vent avait enlevées des tombeaux. Il se disait :

« Peut-être en ce moment quelqu'un a le même soin du tombeau de mon père ; moi, je ne le puis. »

A la porte du cimetière était un vieux mendiant
appuyé sur sa béquille; Jean lui donna ses petites
pièces d'argent, et content poursuivit son chemin
dans le monde.

Vers le soir, le temps devint affreux; Jean se

hâtait pour trouver un abri, mais bientôt survint
la nuit noire. Enfin il arriva à une petite église
solitaire sur le haut d'une colline; la porte était
ouverte, il entra pour attendre que l'orage fût
passé.

« Je vais m'asseoir ici dans un coin, dit-il ; je suis fatigué, j'ai besoin de repos. »

Il s'assit donc, joignit les mains, fit sa prière du soir, et s'endormit sans y penser. Tandis que grondait le tonnerre et brillaient les éclairs, il rêvait paisiblement.

Il ne se réveilla qu'au milieu de la nuit ; le mauvais temps était passé, et à travers la fenêtre la lune jetait sa lueur jusqu'à lui. Au milieu de l'église était un cercueil ouvert avec un homme mort qu'on n'avait pas encore pu enterrer. Jean n'eut pas peur, car il avait une bonne conscience, et il savait que les morts ne peuvent rien faire ; il n'y a que les hommes vivants et méchants qui font du mal. Près du mort étaient debout deux de ces méchants vivants ; ils voulaient l'enlever du cercueil et le jeter à la porte.

« Pourquoi voulez-vous faire cela ? demanda Jean ; c'est vilain et méchant. Laissez-le dormir, au nom de Jésus.

— Quelle bêtise ! répondirent les deux mauvais hommes. Il nous a trompés, il nous doit de l'argent, et il s'est dépêché de mourir pour ne pas nous payer ; aussi nous allons nous venger et le eter à la porte, comme un chien.

— Je ne possède que cinquante écus, dit Jean ; c'est tout mon héritage ; mais je vous les donnerai volontiers si vous voulez me promettre de laisser le pauvre mort tranquille. J'espère que je ferai mon chemin sans cet argent; je suis fort et bien portant, et le bon Dieu m'aidera.

— Oui, répondirent les vilains hommes; si tu veux payer sa dette, nous ne lui ferons rien, tu peux compter là-dessus. »

Et ils prirent l'argent que Jean leur donnait, rirent tout haut de sa bonté, et s'en allèrent. Jean arrangea le cadavre dans le .cercueil. lui joignit les mains et, lui disant adieu, se dirigea vers la grande forêt.

Partout où la lune perçait le feuillage, il vit les gracieux petits génies de la forêt qui jouaient gaiement. Ceux-ci ne se dérangèrent pas, car ils savaient l'innocence de Jean, et il n'y a que les méchants auxquels ils restent invisibles. Quelques-uns d'entre eux n'étaient pas plus grands qu'un doigt; leurs longs cheveux blonds étaient relevés avec un peigne d'or. Deux par deux ils se balançaient sur les grosses gouttes que forme là rosée sur les feuilles et sur les herbes. Quelquefois la goutte roulait en bas; alors ils tombaient entre les longues pailles, et c'étaient parmi les autres petits êtres de grands éclats de rire. Que tout cela était amusant! Ils chantèrent, et Jean reconnut distinctement toutes les chansons qu'il avait apprises étant petit garçon. De grandes araignées bigarrées, avec des couronnes d'argent sur la tête, filaient d'une haie à l'autre des ponts suspendus et des palais qui, couverts de rosée, illuminés par la lune, semblaient être de verre. Cela dura jusqu'au lever du soleil; alors les petits génies entrèrent dans les boutons des fleurs, et le vent dispersa leurs ponts et leurs châteaux.

Jean sortait de la forêt, lorsqu'une forte voix d'homme cria derrière lui : « Holà! camarade, où allons-nous?

— A travers le monde, répondit Jean. Je n'ai ni père ni mère, je suis un pauvre garçon, mais le bon Dieu m'aidera.

— Moi aussi je vais à travers le monde, reprit l'étranger; si tu veux, nous ferons route ensemble.

— Je le veux bien. »

Et ils continuèrent ensemble.

Bientôt ils commencèrent à s'aimer, car ils étaient bons tous les deux. Mais Jean remarqua que l'étranger était bien plus savant que lui; il avait déjà beaucoup voyagé, et savait parler sur tout.

Le soleil était déjà haut dans le ciel, quand ils s'assirent sous un grand arbre pour déjeuner. Une vieille femme vint à passer. Elle était si vieille qu'elle marchait toute courbée, s'appuyant sur une béquille, et elle portait sur son dos un fagot qu'elle avait ramassé dans le bois. Son tablier

était relevé, et Jean vit trois verges d'osier qui en
sortaient. Arrivée auprès d'eux, son pied glissa ;
elle tomba en jetant de hauts cris, car elle s'était
cassé la jambe, la pauvre femme ! Jean voulut
tout de suite la porter chez elle ; mais l'étranger

ouvrit sa valise, y prit un petit pot, et dit qu'il
avait un baume qui remettrait immédiatement sa
jambe ; elle pourrait alors s'en aller toute seule,
comme si cette jambe n'avait jamais été cassée.
Seulement il exigea en retour les trois verges
qu'elle portait dans son tablier.

« C'est bien payé, » dit la vieille. Et elle fit un signe bizarre de la tête. On voyait qu'elle ne renonçait pas volontiers à ses verges ; mais, d'un autre côté, il était bien désagréable de rester ainsi étendue, la jambe cassée. Elle les lui donna donc, et, dès qu'il eut frotté la jambe avec son baume, la vieille mère se leva et marcha mieux qu'auparavant. Quel baume ! mais aussi on ne pouvait en acheter chez le pharmacien.

« Que veux-tu faire des trois verges ? demanda Jean à son compagnon de voyage.

— Ce sont trois gentils petits balais ; il me plaît de les avoir ; je suis un garçon si drôle ! »

Ils firent encore un bon bout de chemin.

« Regarde l'orage qui se prépare, dit Jean ; que ces nuages sont noirs et terribles !

— Non, observa le compagnon de voyage ; ce ne sont pas des nuages, ce sont des montagnes. On arrive par ces montagnes au-dessus des nuages, au sein des airs. Crois-moi, c'est magnifique ; demain nous serons déjà loin dans le monde. »

Mais il fallait marcher toute la journée pour arriver à ces montagnes dont les sombres forêts touchaient au ciel, et où il y avait des pierres aussi grosses qu'une ville entière. Quelle marche pour traverser tout cela ! C'est pourquoi Jean et son compagnon de voyage entrèrent dans une au-

berge : il fallait se reposer et recueillir des forces
pour le lendemain.

Dans la grande salle de l'auberge se trouvait
une foule de monde : on regardait un homme qui
faisait jouer des marionnettes. Il venait précisément de dresser son petit théâtre ; on s'était rangé
en cercle autour de lui, et la meilleure place, au
premier rang, était occupée par un vieux gros

boucher qui avait avec lui son bouledogue. Ouf !
l'animal féroce ! il regardait comme tout le monde
avec ses grands yeux.

La comédie commença. C'était une belle pièce :
un roi et une reine étaient assis sur un trône su-

perbe, avec des couronnes d'or et de longues robes
à queue : leurs moyens leur permettaient ce luxe ;
de gentilles marionnettes avec des yeux de verre
et de grandes moustaches étaient debout à toutes
les portes, qu'elles ouvraient et fermaient continuellement pour rafraîchir l'air dans la salle. Oui,
c'était une bien belle pièce, et pas triste du tout.
Mais tout à coup la reine se leva et fit quelques
pas. Dieu sait ce que pensait le gros bouledogue :
profitant de ce que le boucher ne le retenait pas,
il fit un bond jusque sur le théâtre, et saisit la
reine par sa mince taille. Cnic, cnac ! C'était hor-
ble à voir.

Le pauvre homme qui faisait voir la comédie
fut pris d'angoisse et d'affliction à cause de sa
reine, la plus belle de ses poupées, à qui le bouledogue avait mangé la tête.

Mais quand le monde fut parti, l'étranger qui
était venu avec Jean dit qu'il allait la remettre en
bon état. Il prit son petit pot et frotta la poupée
avec le baume qui avait déjà guéri la pauvre
vieille. Aussitôt la poupée se trouva reconstruite ;
elle savait même remuer tous ses membres sans
qu'on eût besoin de tirer la ficelle : il ne lui manquait que la parole. Son maître était enchanté de
la voir danser toute seule ; nulle autre de ses
poupées ne pouvait en faire autant.

Dans la nuit, quand les gens de l'auberge étaient

déjà couchés, quelqu'un soupira si profondément
et à tant de reprises, que tous se relevèrent pour
voir ce que c'était. L'homme des marionnettes
courut à son théâtre ; car c'était là qu'on avait
soupiré. Toutes les poupées étaient couchées pêle-
mêle, le roi au milieu de ses gardes du corps. C'é-
taient eux qui soupiraient si lamentablement, car
ils mouraient d'envie d'être frottés comme la
reine, afin de pouvoir se remuer tout seuls. La
reine s'agenouilla et présenta sa petite couronne
d'or en disant : « Prenez-la, mais frottez mon
époux et les gens de ma cour. »

Alors le pauvre directeur ne put s'empêcher de
pleurer, et il promit au compagnon de voyage
tout l'argent qu'il avait gagné avec sa comédie,
si celui-ci voulait seulement frotter quatre ou
cinq de ses plus belles poupées. Mais le compagnon répondit qu'il ne voulait que le grand sabre
que le directeur portait au côté. L'autre y consen-
tit avec plaisir, et six marionnettes furent aussitôt
frottées. Elles se mirent à danser, et si gentiment
que toutes les filles, les filles vivantes qui les regardaient, se mirent à danser aussi. Le cocher dansait
avec la cuisinière, le domestique avec la femme de
chambre ; tout ce qui était là dansait, même la
pelle et les pincettes, mais elles tombèrent à terre
en essayant le premier saut. Quelle nuit joyeuse !

Le lendemain, Jean partit avec son compagnon

de voyage, et ils arrivèrent aux hautes montagnes,
aux grandes forêts de sapins. Ils montèrent si
haut que les tours des églises paraissaient au-dessous d'eux comme de petits fruits rouges au milieu
de la verdure, et ils avaient devant eux une immense perspective. Jean n'avait jamais vu une si
grande partie du monde; la lueur du soleil descendait d'un ciel frais et bleu; les chasseurs donnaient du cor dans les montagnes; tout était si
beau et si béni qu'il lui vint des larmes de joie,
et il ne put s'empêcher de dire ; « Bon Dieu, je
voudrais pouvoir t'embrasser, tu es si bon envers
nous tous ! Et cette magnificence, c'est à toi que
nous la devons. »

Le compagnon de voyage était debout et joignait
aussi les mains à la lueur du soleil. Il promenait
ses regards sur les forêts et sur les villes. Tout
à coup un son bizarre se fit entendre au-dessus
d'eux; ils levèrent la tête : un grand cygne blanc
fendait l'air; il était merveilleux, et chantait
comme jamais ils n'avaient entendu chanter d'oiseau. Mais sa voix s'affaiblissait de plus en plus,
il inclina sa tête et tomba lentement à leurs pieds.
Il était mort.

« Ces deux ailes si blanches, si grandes, valent
de l'argent, dit le compagnon de voyage, je vais
les emporter. Tu vois que j'ai bien fait de demander le sabre. »

D'un coup il coupa les ailes du cygne mort, et les emporta.

Les voyageurs firent bien des lieues au-dessus des nuages, jusqu'au moment où ils aperçurent une grande ville avec cent tours qui brillaient au soleil comme de l'argent. Au milieu de la ville s'é-levait un château de marbre, couvert d'or rouge; là demeurait le roi.

Jean et son compagnon de voyage ne voulurent pas entrer immédiatement dans la ville; ils s'arrêtèrent dans une auberge pour faire leur toilette, car ils voulaient être beaux pour passer dans les rues. L'hôte leur raconta que le roi était un brave homme, n'ayant jamais fait à personne ni bien ni mal, mais sa fille.... « Dieu nous en

garde! C'est une bien méchante princesse. Elle a
de la beauté, on ne peut plus; mais à quoi cela
sert-il? C'est une affreuse sorcière qui a causé la
mort d'une foule de beaux princes. »

Cette princesse avait permis à tous de demander
sà main, au prince comme au mendiant, n'importe; mais il fallait deviner trois énigmes qu'elle
proposait. Celui qui pourrait deviner, épousait la
princesse et, après la mort de son père, montait
sur le trône. Quant à ceux qui ne devinaient pas,
elle les faisait pendre ou décapiter : tant la belle
princesse était méchante! Son père, le vieux roi,
en était bien affligé; mais il ne put le lui défen-
dre, car il avait déclaré une fois pour toutes qu'il
ne se mêlerait pas du choix d'un gendre : sa fille
était tout à fait libre à cet égard. Chaque fois qu'un
prince avait essayé de deviner les énigmes pour
épouser la princesse, il n'avait pu en venir à bout,
et il avait été pendu ou décapité. Du reste on l'a-
vait prévenu, pourquoi s'était-il entêté? Le vieux
roi était tellement affecté de cette conduite, que
lui et ses soldats passaient tous les ans une journée à genoux, faisant des prières pour que la
princesse devînt bonne. Mais rien n'y faisait. Les
vieilles femmes qui buvaient de l'eau-de-vie
teignirent en noir leur breuvage pour mani-
fester leur chagrin. Que pouvaient-elles faire de
plus?

« La vilaine princesse! dit Jean, elle mériterait
d'être fouettée, cela lui ferait du bien. Si j'étais le
vieux roi, comme je lui en ferais voir! »

Au même instant les deux compagnons entendirent le peuple crier hourra! C'était la princesse
qui passait; elle était en effet si belle que tout le
monde, en la voyant, oubliait sa méchanceté. C'est
pourquoi l'on criait hourra! Douze jolies demoiselles en robes de soie blanche, une tulipe d'or à
la main, montées sur des chevaux noirs comme
du charbon, lui servaient de cortége. La princesse
elle-même avait un cheval blanc comme la neige,
orné de diamants et de rubis; elle portait un costume d'or pur, et le fouet qu'elle tenait à la main
ressemblait à un rayon de soleil. La couronne
d'or de sa tête paraissait composée des étoiles du
ciel, et sa robe était fabriquée des ailes admirables de mille papillons. Cependant elle était plus
belle encore que ses habits.

Lorsque Jean l'aperçut, il devint rouge comme
du sang et ne put proférer un mot. La princesse
ressemblait exactement à la vision qu'il avait eue
auprès du lit de son père mort. Il la trouva bien
belle et ne put s'empêcher de l'aimer. « Il est impossible, se dit-il, qu'elle soit une méchante sorcière qui fait pendre et décapiter ceux qui ne de-
vinent pas ses énigmes. Chacun est libre de
demander sa main, même le dernier des men-

diants ; j'irai donc au château, il le faut, je le
veux. »

Tout le monde lui dit qu'il avait tort, qu'il su-
birait le sort des autres. Son compagnon de voyage
aussi l'en détourna tant qu'il le put ; mais Jean
pensa que tout irait bien. Il brossa son habit et
ses souliers avec soin, se lava minutieusement
les mains et la figure, arrangea ses beaux cheveux blonds, et entra seul dans la ville pour se
rendre au château.

« Entrez, » dit le vieux roi lorsque Jean frappa
à la porte. Jean entra, et le vieux roi, en robe de
chambre, en pantoufles brodées, vint au-devant
de lui. Il avait la couronne d'or sur sa tête, le
sceptre dans une main et la pomme d'or dans
l'autre. « Attendez, » dit-il en mettant la pomme
sous son bras pour offrir sa main à Jean ; mais,
dès qu'il apprit que c'était un prétendant, il se
mit à pleurer si fort que le sceptre et la pomme
tombèrent à terre, et il fut obligé de s'essuyer les
yeux avec sa robe de chambre. Pauvre vieux roi !
« N'y songe pas ! s'écria-t-il ; tu finiras mal, comme
les autres ; viens voir. »

Il conduisit Jean dans le jardin de la princesse.
Quelle horreur ! au sommet de chaque arbre
étaient pendus trois ou quatre fils de rois qui
avaient demandé la main de la princesse et qui
n'avaient pu deviner ses énigmes. Le vent, chaque

fois qu'il soufflait, faisait résonner leurs squelettes, et les petits oiseaux s'enfuyaient pour ne
plus revenir. Toutes les plantes, s'attachaient à
des ossements, et il y avait des têtes de morts
qui riaient dans les pots de fleurs et qui grin-
çaient des dents. Quel jardin pour une princesse !

« Tu vois, dit le vieux roi; tu n'auras pas un
meilleur sort que ceux qui sont ici. Renonce plutôt à ton entreprise, tu me rendrais malheureux :
je souffre tant de ces horreurs! »

Jean baisa la main du bon vieux roi, et dit que
tout irait bien, tant il aimait la princesse.

En ce moment, elle entrait avec ses dames dans
la cour du château, et ils allèrent tous les deux
lui souhaiter le bonjour. Avec une grâce infinie,
elle tendit sa main à Jean, qui l'aima plus que
jamais, et prétendit qu'on était dans l'erreur en
l'accusant d'être une mauvaise sorcière. Ensuite,
ils montèrent dans le grand salon, où de petits
pages leur présentèrent de la confiture et des macarons; mais le vieux roi était si affligé qu'il ne
put rien manger : d'ailleurs les macarons étaient
trop durs pour lui. Il fut décidé que Jean reviendrait le lendemain au château, et qu'en présence
des juges et de tout le conseil, il essayerait de deviner la première énigme. S'il s'en acquittait bien,
il reviendrait encore deux fois. Mais, jusqu'à ce

jour, personne n'avait deviné même la première
énigme; tous avaient dû mourir,

Jean n'était pas le moins du monde inquiet de
son sort; au contraire, il se réjouissait et ne pensait qu'à la belle princesse. Il était fermement convaincu que le bon Dieu l'aiderait; mais comment?
Il l'ignorait et ne voulait pas trop y réfléchir. En
retournant à l'auberge, où son compagnon l'attendait, il dansa le long de la grande route.

Jean ne put assez raconter combien la princesse
avait été aimable avec lui, et combien elle était
belle. Il brûlait d'être au lendemain pour entrer
au château et pour tenter la chance. Mais le compagnon de voyage secouait la tête d'un air triste.
« Je t'aime bien, dit-il, nous aurions pu rester
longtemps encore ensemble ; faut-il que je te perde
déjà ! Pauvre Jean ! j'ai envie de pleurer, mais je
ne veux pas troubler ta joie, le dernier soir peut-
être que nous passerons ensemble. Allons, soyons
gais, bien gais; je pleurerai demain, quand tu
seras parti. »

Dans la ville, tout le monde savait qu'un nouveau prétendant s'était offert; aussi l'affliction
était générale. Les théâtres étaient fermés, les
marchands de gâteaux avaient enveloppé de crêpes leurs porcs de sucre, le roi et les prêtres
étaient à genoux dans l'église, et grande était la
douleur : Jean réussirait-il mieux que les autres?

Dans la soirée, le compagnon de voyage prépara un grand bol de punch, et dit à Jean qu'ils allaient s'amuser, qu'ils allaient boire à la santé de la princesse. Mais, lorsque Jean eut bu deux verres, sa tête s'alourdit malgré lui, ses yeux se fermèrent, il s'endormit. Le compagnon de voyage le souleva doucement de sa chaise et le porta dans son lit. Puis, quand la nuit se fut épaissie, il prit les grandes ailes du cygne et se les attacha aux épaules. Il mit dans sa poche la plus grande des verges que la vieille femme lui avait données, ouvrit la fenêtre, et s'envola, par-dessus la ville, jusqu'au château de marbre. Là, il s'assit dans un coin, sous la fenêtre de la chambre à coucher de la princesse.

Un profond silence régnait sur la ville. A minuit moins un quart, la fenêtre s'ouvrit, et la princesse, avec de longues ailes noires, enveloppée d'un large manteau blanc, s'envola par-dessus la ville jusqu'à une grande montagne. Le compagnon de voyage se rendit invisible, et suivit la princesse en la frappant de sa verge jusqu'au sang. Ouf! quel voyage à travers les airs! Le vent saisit son manteau et le déploya comme une voile de navire : la lune brillait au travers.

« Comme il grêle, comme il grêle! » disait la princesse à chaque coup de verge.

Ces coups de verge, elle les avait bien gagnés.

Enfin, elle arriva à la montagne et frappa. Un bruit semblable à un tonnerre se fit entendre ; la montagne s'ouvrit, et la princesse entra suivie du compagnon de voyage qui toujours restait invisible.

Ils traversèrent une longue allée dont les murs étincelaient d'une façon bizarre : c'étaient mille araignées enflammées qui montaient et descendaient rapidement. Ils arrivèrent ensuite dans une grande salle construite d'or et d'argent ; des fleurs larges comme des soleils, rouges et bleues, luisaient sur les murs ; mais personne ne pouvait les cueillir, car leurs tiges n'étaient que de vilains serpents venimeux, et les fleurs elles-mêmes n'étaient que le feu exhalé de leurs gueules. Tout le plafond était parsemé de vers luisants, et des chauves-souris couleur bleu de ciel y battaient des ailes. Que tout cela était étrange ! Au milieu du plancher s'élevait un trône porté par quatre squelettes de chevaux dont les harnais se composaient de ces araignées étincelantes. Le trône lui-même était de verre blanc comme du lait, et les coussins n'étaient que de petites souris noires qui se mordaient la queue. Au-dessus était un toit formé d'une toile d'araignée rouge, garnie de charmantes petites mouches vertes qui brillaient comme des diamants. Au milieu du trône était assis un vieux sorcier avec une couronne sur sa vilaine tête et un sceptre à la main. Il baisa la princesse au front, l'invita à s'asseoir à côté de lui sur le précieux trône, et la musique commença. De grandes sauterelles noires jouaient.... et le hibou, faute de tambour, se battait le ventre. En vérité, c'était un bizarre concert. De petits fantômes noirs, avec un feu follet sur leur bonnet, dansaient en rond dans la salle. Personne ne put voir le compagnon de voyage; il s'était placé derrière le trône, d'où il écoutait et voyait tout ce qui se passait. Bientôt entrèrent les courtisans; ils étaient richement vêtus et prenaient de grands airs; mais qui aurait vu tant soit peu clair les eût vite appréciés à leur juste valeur. Ce n'étaient que des manches à balais, avec des têtes de choux au bout, auxquels le sorcier avait insufflé la vie et donné des habits brodés. Il n'en fallait pas plus pour parader comme ils faisaient.

Les danses terminées, la princesse raconta au sorcier qu'il s'était présenté un nouveau prétendant, et elle lui demanda conseil sur la première énigme à proposer.

« Si tu veux suivre mon avis, dit le sorcier, pense à quelque chose de si simple qu'il ne puisse même s'en douter. Pense à un de tes souliers : certes, il ne devinera pas. Fais alors couper sa tête; mais surtout n'oublie pas en revenant demain dans la nuit de m'apporter ses yeux, que je croquerai avec plaisir. »

La princesse fit une inclination profonde et promit d'apporter les yeux. Puis le sorcier ouvrit la montagne, et elle s'envola, toujours suivie du compagnon de voyage qui la frappait toujours, et si fort, si fort, qu'elle se plaignait amèrement de la grêle. Lorsqu'elle fut entrée par la fenêtre dans sa chambre à coucher, le compagnon de voyage s'envola vers l'auberge où Jean dormait encore, détacha ses ailes, et se mit lui-même au lit : il y avait assurément de quoi être fatigué.

Jean se réveilla de bonne heure le lendemain matin; le compagnon aussi se leva et raconta qu'il avait fait la nuit un rêve très-bizarre d'une princesse et de son soulier. Aussi conseilla-t-il à Jean de demander à la princesse si elle n'avait pas pensé à son soulier.

« J'aime autant demander cela qu'autre chose, dit Jean; peut-être as-tu rêvé juste, car je suis toujours convaincu que le bon Dieu m'aidera. Cependant je vais te faire mes adieux; car, si je ne me trompe, je ne te reverrai plus. »

Là-dessus, ils s'embrassèrent; Jean retourna dans la ville et se rendit au château. La grande salle était remplie de monde; les juges siégeaient sur leurs fauteuils, avec des édredons sous la tête, car ils avaient beaucoup à méditer. Le vieux roi se leva et s'essuya les yeux avec un mouchoir blanc. Enfin la princesse entra plus belle que la

veille, salua d'un air gracieux, et donnant sa main
à Jean : « Bonjour, mon cher, » lui dit-elle.

Jean devait donc deviner à quelle chose elle
avait pensé. Elle le regardait amicalement, mais
au mot de soulier, son visage devint blanc comme
la craie, et tout son corps trembla. N'importe ; il
avait deviné juste.

Pour le coup, qui fut content? ce fut le vieux
roi ! Il fit une culbute de première force, et tout
le monde battit des mains, pour lui comme pour
Jean.

Le compagnon de voyage fut bien heureux
aussi, quand il apprit ce premier succès. Jean
joignit les mains et remercia le bon Dieu, qui
certainement l'aiderait encore aux deux autres
épreuves. Le lendemain, il devait deviner la seconde énigme.

Ce soir-là se passa comme celui de la veille.
Lorsque Jean se fut endormi, le compagnon de
voyage suivit la princesse dans la montagne et la
battit plus fort encore que la veille, car il avait
pris deux verges. Personne ne le vit, et lui entendit tout : la princesse devait penser à son gant ;
il raconta cela à Jean comme s'il l'avait rêvé. Rien
n'était donc plus facile à Jean que de deviner juste
une seconde fois, et ce fut au château une indicible joie. Toute la cour fit des culbutes à l'imi-
tation de son roi ; mais la princesse s'étendit sur

un sofa et ne voulut pas proférer une seule parole.

Tout dépendait maintenant de la troisième épreuve. Encore ce succès, Jean épousait la princesse, et à la mort du roi il héritait du trône. Dans le cas contraire, il perdait la vie, et le sorcier mangeait ses beaux yeux bleus.

La veille au soir, Jean se coucha de bonne heure, fit sa prière et s'endormit tranquillement. Mais son compagnon reprit les ailes du cygne, s'attacha le sabre au côté, et s'envola vers le château, emportant les trois verges.

La nuit était terrible, la tempête arrachait les ardoises des toits, et les arbres du jardin, où pendaient les squelettes, pliaient comme des roseaux à chaque coup de vent. Les éclairs se succédaient sans relâche, et pendant toute la nuit ce ne fut qu'un coup de tonnerre. La fenêtre s'ouvrit, et la princesse s'envola. Elle était pâle comme la mort, mais elle se riait du mauvais temps, qu'elle trouvait encore trop doux. Son manteau blanc, pareil à une voile de navire, tourbillonnait dans l'air. Le compagnon de voyage la frappait si rudement de ses trois verges, que des gouttes de sang tombaient à terre, et qu'à la fin elle put à peine continuer son vol. Cependant elle arriva à la montagne.

« Il grêle, et le vent est furieux, dit-elle; ja-

mais je ne suis sortie par un temps comme celui-là.

— Quelquefois on se fatigue même du bien, »
répondit le sorcier.

Elle lui raconta que Jean avait deviné juste la
seconde fois. S'il réussissait encore le lendemain,
c'en était fait; elle ne pourrait plus retourner à
la montagne ni pratiquer ses sortiléges. Elle en
était bien affligée.

« Cette fois, il ne devinera pas, dit le sorcier,
ou il faudrait qu'il fût plus grand sorcier que moi.
En attendant, amusons-nous. »

Il prit la princesse par les deux mains, et ils
dansèrent en rond avec les deux fantômes et les
feux follets qui étaient dans la salle. Les araignées
rouges sautaient joyeusement sur le mur, les
fleurs de feu étincelaient; le hibou battait du
tambour, le cri-cri chantait, les sauterelles noires
jouaient de la guimbarde. En vérité, le bal était
fort animé!

Lorsqu'ils eurent assez dansé, la princesse dut
s'en retourner, pour qu'on ne s'aperçût pas de
son absence au château. Le sorcier offrit de l'accompagner.

Ils s'envolèrent par le mauvais temps, et le
compagnon de voyage usa ses trois verges sur
leurs épines dorsales. Jamais le sorcier ne s'était
promené sous une grêle semblable. Près du châ-

teau, il fit ses adieux à la princesse, en lui disant tout bas : « Pense à ma tête. »

Mais le compagnon de voyage l'avait entendu. Au moment même où la princesse se glissa par sa fenêtre dans sa chambre à coucher, il saisit le sorcier par sa longue barbe noire, et lui coupa sa vilaine tête au ras des épaules. Cela fut sitôt fait, que vraiment le sorcier ne put se reconnaître. Le corps fut jeté aux poissons du lac; quant à la tête, après l'avoir plongée dans l'eau, le compagnon l'enveloppa dans son foulard, l'emporta dans le cabaret, et regagna son lit.

Le lendemain, il donna le foulard à Jean, et lui recommanda de ne pas le dénouer jusqu'au moment où la princesse lui adresserait sa troisième question.

Il y avait tant de monde dans la grande salle du château, que la foule était serrée comme une botte de radis. Le conseil siégeait avec ses édredons, le vieux roi s'était fait habiller de neuf; la couronne d'or et le sceptre avaient été polis; mais la princesse était d'une extrême pâleur. Elle portait une robe noire, comme si elle se fût apprêtée à suivre un enterrement.

« A quoi ai-je pensé? » demanda-t-elle à Jean.

Celui-ci dénoua le foulard, et resta stupéfait lui-même à l'effroyable aspect de la tête du sorcier. Il y eut un frisson général; quant à la prin-

cesse, elle avait l'air d'une statue. Enfin elle se
leva, tendit la main à Jean, car il avait bien deviné, et, sans regarder personne, elle soupira
profondément.

« Maintenant, tu es mon seigneur ; ce soir,
nous célébrerons la noce.

— A la bonne heure ! à la bonne heure ! » ex-
clama le vieux roi.

Tout le monde cria hourra ! la musique militaire retentit dans les rues, les cloches sonnèrent, les marchands de gâteaux ôtèrent le crêpe
noir à leurs porcs de sucre ; tout était joie ! Trois
bœufs rôtis tout entiers, farcis de canards et de
poulets, furent servis au milieu du marché, et chacun eut le droit d'en couper un morceau. Les vins
les plus délicieux jaillirent des fontaines ; quicon-
que achetait un pain d'un sou au boulanger reçut
six grosses brioches en sus. Et quelles brioches !

Le soir, toute la ville était illuminée ; les soldats tiraient le canon, les gamins lançaient des
pétards. Dans le château, on mangeait, on buvait, on trinquait, on sautait ; tous les seigneurs
et toutes les belles demoiselles se mêlaient à la
danse. De loin on les entendait chanter :

> Tant de belles demoiselles
> Dansent au son du tambour !
> Jeune fille, c'est ton tour,
> Ton tour d'user tes semelles.

Cependant la princesse était toujours sorcière ; elle n'aimait pas Jean. Le compagnon de voyage ne l'avait pas oublié : c'est pourquoi il donna à Jean trois plumes des ailes du cygne et une petite fiole contenant quelques gouttes. Il lui conseilla de mettre auprès du lit nuptial un grand baquet rempli d'eau, d'y jeter les plumes et les gouttes, et d'y plonger trois fois la princesse. C'était le moyen de la désenchanter et de lui faire aimer Jean.

Jean suivit toutes les prescriptions de son compagnon. La princesse poussa de grands cris lorsqu'il la plongea dans l'eau ; elle se débattit entre ses mains, et prit la forme d'un cygne noir avec des yeux étincelants. A la seconde immersion, le cygne devint blanc, sauf un anneau noir qui lui restait autour du cou. Jean fit une prière au bon Dieu, et, quand l'oiseau revint pour la troisième fois sur l'eau, c'était une princesse admirablement belle. Plus que jamais elle était adorable, et, les larmes aux yeux, elle remercia Jean d'avoir mis fin à son enchantement.

Le lendemain, le vieux roi vint la voir accompagné de toute sa cour : la journée se passa en félicitations. Le compagnon de voyage arriva le dernier, le bâton à la main et le sac sur le dos. Jean l'embrassa bien des fois : il ne voulait pas laisser partir l'auteur de son bonheur ; mais le compagnon de voyage secoua la tête, et dit avec un air doux et amical : « Non, mon temps est fini ; je n'ai fait que payer ma dette. Te rappelles-tu le mort auquel deux méchants hommes voulaient faire du mal? Tu donnas tout ce que tu avais pour lui assurer la paix de la tombe. C'est moi qui suis ce mort. »

Au même instant, il avait disparu.

La noce dura tout un mois. Jean et la princesse s'aimèrent tendrement ; le vieux roi passa encore bien d'heureuses journées en faisant monter ses petits-enfants à cheval sur ses genoux, leur abandonnant son sceptre pour joujou.

Après sa mort. Jean lui succéda sur le trône.

LA PETITE FILLE ET LES ALLUMETTES.

Comme il faisait froid! la neige tombait et la nuit n'était pas loin; c'était le dernier soir de l'année, la veille du jour de l'an. Au milieu de ce froid et de cette obscurité, une pauvre petite fille passa dans la rue, la tête et les pieds nus. Elle avait, il est vrai, des pantoufles en quittant la maison, mais elles ne lui avaient pas servi longtemps : c'étaient de grandes pantoufles que sa mère avait déjà usées, si grandes que la petite les perdit en se pressant de traverser la rue entre deux voitures. L'une fut réellement perdue; quant à l'autre, un gamin l'emporta avec l'intention d'en faire un berceau pour son petit enfant, quand le ciel lui en donnerait un.

La petite fille cheminait avec ses petits pieds nus, qui étaient rouges et bleus de froid; elle avait dans son vieux tablier une grande quantité d'allumettes, et elle portait à la main un paquet. C'était pour elle une mauvaise journée; pas d'acheteurs, donc pas le moindre sou. Elle avait bien faim et bien froid, bien misérable mine. Pauvre petite! Les flocons de neige tombaient dans ses longs cheveux blonds, si gentiment bouclés autour de son cou; mais songeait-elle seulement à ses cheveux bouclés? Les lumières brillaient aux fenêtres, le fumet des rôtis s'exhalait dans la rue; c'était la veille du jour de l'an : voilà à quoi elle songeait.

Elle s'assit et s'affaissa sur elle-même dans un coin, entre deux maisons. Le froid la saisit de plus en plus, mais elle n'osait pas retourner chez elle : elle rapportait ses allumettes, et pas le plus petite pièce de monnaie. Son père la battrait; et, du reste, chez elle, est-ce qu'il ne faisait pas froid aussi? Ils logeaient sous le toit, et le vent soufflait au travers, quoique les plus grandes fentes eussent été bouchées avec de la paille et des chiffons. Ses petites mains étaient presque mortes de froid. Hélas! qu'une petite allumette leur ferait du bien! Si elle osait en tirer une seule du paquet, la frotter sur le mur et réchauffer ses doigts! Elle en tira une : ritch! comme elle éclata! comme elle brûla! C'était une flamme chaude et claire comme une petite chandelle, quand elle la couvrit de sa main. Quelle lumière bizarre! Il semblait à la petite fille qu'elle était assise devant un grand poêle de fer orné de boules et surmonté d'un couvercle en cuivre luisant.

Le feu y brûlait si magnifique, il chauffait si bien !
Mais qu'y a-t-il donc ! La petite étendait déjà ses
pieds pour les chauffer aussi; la flamme s'étei-

gnit, le poêle disparut : elle était assise, un petit
bout de l'allumette brûlée à la main.

Elle en frotta une seconde, qui brûla, qui brilla,
et, là où la lueur tomba sur le mur, il devint

transparent comme une gaze. La petite pouvait voir jusque dans une chambre où la table était couverte d'une nappe blanche, éblouissante de fines porcelaines, et sur laquelle une oie rôtie, farcie de pruneaux et de pommes, fumait avec un parfum délicieux. O surprise! ô bonheur! Tout à coup l'oie sauta de son plat et roula sur le plancher, la fourchette et le couteau dans le dos, jusqu'à la pauvre fille. L'allumette s'éteignit : elle n'avait devant elle que le mur épais et froid.

En voilà une troisième allumée. Aussitôt elle se vit assise sous un magnifique arbre de Noël; il était plus riche et plus grand encore que celui qu'elle avait vu, à la Noël dernière, à travers la porte vitrée, chez le riche marchand. Mille chandelles brûlaient sur les branches vertes, et des images de toutes couleurs, comme celles qui ornent les fenêtres des magasins, semblaient lui sourire. La petite éleva les deux mains : l'allumette s'éteignit; toutes les chandelles de Noël montaient, montaient, et elle s'aperçut alors que ce n'était que les étoiles. Une d'elle tomba et traça une longue raie de feu dans le ciel.

« C'est quelqu'un qui meurt, » se dit la petite; car sa vieille grand'mère, qui seule avait été bonne pour elle, mais qui n'était plus, lui répétait souvent: « Lorsqu'une étoile tombe, c'est qu'une âme monte à Dieu. »

Elle frotta encore une allumette sur le mur : il se fit une grande lumière au milieu de laquelle était la grand'mère debout, avec un air si doux, si radieux !

« Grand'mère, s'écria la petite, emmène-moi. Lorsque l'allumette s'éteindra, je sais que tu n'y seras plus. Tu disparaîtras comme le poêle de fer, comme l'oie rôtie, comme le bel arbre de Noël. »

Elle frotta promptement le reste du paquet, car elle tenait à garder sa grand'mère, et les allumettes répandirent un éclat plus vif que celui du jour. Jamais la grand'mère n'avait été si grande ni si belle. Elle prit la petite fille sur son bras, et toutes les deux s'envolèrent joyeuses au milieu de ce rayonnement, si haut, si haut, qu'il n'y avait plus ni froid, ni faim, ni angoisse; elles étaient chez Dieu.

Mais dans le coin, entre les deux maisons, était assise, quand vint la froide matinée, la petite fille, les joues toutes rouges, le sourire sur la bouche.... morte, morte de froid, le dernier soir de l'année. Le jour de l'an se leva sur le petit cadavre assis là avec les allumettes, dont un paquet avait été presque tout brûlé. « Elle a voulu se chauffer ! » dit quelqu'un. Tout le monde ignora les belles choses qu'elle avait vues, et au milieu de quelle splendeur elle était entrée avec sa vieille grand'mère dans la nouvelle année.

LA VIEILLE MAISON.

Quelle vieille maison ! Elle avait presque trois cents ans, d'après l'inscription gravée sur une poutre au milieu d'une guirlande de tulipes. Au-dessus de la porte, on lisait des vers écrits selon l'ancienne orthographe, et au-dessus de chaque fenêtre étaient sculptées des figures qui faisaient d'affreuses grimaces. Un étage s'avançait sur l'autre, et sur le toit s'étendait une gouttière terminée par une tête de dragon. La pluie devait s'écouler dans la rue par cette tête ; mais elle s'écoulait par le ventre, car la gouttière avait un trou au milieu.

Toutes les autres maisons de la rue étaient neuves et propres, ornées de grands carreaux et de murailles blanches. Elles semblaient dédaigner leur vieille voisine.

« Combien de temps encore cette baraque restera-t-elle ici ? pensaient-elles ; elle nous obstrue tout à fait la vue d'un côté. Son escalier est large comme celui d'un château, et haut comme celui d'une tour d'église. La grande porte de fer massif ressemble à celle d'un ancien sépulcre, avec ses boutons de cuivre. Quel genre! Fi donc! »

Dans une de ces belles maisons, vis-à vis de la vieille était assis à la fenêtre un petit garçon aux joues fraîches et rouges et aux yeux brillants. Il aimait beaucoup la vieille maison, tant à la clarté du soleil qu'à celle de la lune. Il s'amusait à copier les têtes grimaçantes, les ornements qui renfermaient des soldats armés de hallebardes, et les gouttières qui ressemblaient à des dragons et à des serpents. La vieille maison était habitée par un homme âgé qui portait la culotte courte, un habit avec de gros boutons de cuivre, et une majestueuse perruque. Il ne voyait jamais personne, excepté un vieux domestique, qui, tous les matins, venait arranger sa chambre et faire ses commissions. Quelquefois il regardait par la fenêtre, et alors le petit garçon lui faisait de la tête un salut amical; notre homme y répondait, et ils devinrent amis sans s'être jamais parlé.

Les parents du petit garçon disaient souvent: « Ce vieillard d'en face paraît à son aise; mais c'est malheureux qu'il soit toujours seul. »

C'est pourquoi l'enfant, un dimanche, après avoir enveloppé quelque chose dans un morceau de papier, descendit dans la rue, et dit au vieux domestique: « Écoute, si tu veux porter cela au

vieux monsieur, en face, tu me feras plaisir. J'ai
deux soldats de plomb, et je lui en donne un,
pour qu'il ne soit pas toujours seul. »

Le vieux domestique exécuta avec joie la commission, et porta le soldat de plomb dans la vieille
maison. Plus tard, le petit garçon, invité à rendre
visite au vieillard, y accourut avec la permission
de ses parents.

A l'intérieur, la plus grande propreté régnait
partout; le corridor était orné d'anciens portraits
de chevaliers dans leurs armures et de femmes en
robes de soie. Au bout de ce corridor, s'offrait un
grand balcon, peu solide, il est vrai, mais tout
garni de verdure et de vieux pots de fleurs, qui
avaient pour anses des oreilles d'âne.

Ensuite le petit garçon arriva dans la chambre
où était assis le vieillard. « Merci du soldat de
plomb, mon petit ami, dit ce dernier; merci de ta
bonne visite!

— On m'a dit, répliqua l'enfant, que tu étais
toujours seul; c'est pourquoi je t'ai envoyé un de
mes soldats de plomb pour te tenir compagnie.

— Oh! reprit le vieillard en souriant, je ne suis
pas absolument seul; de vieilles pensées viennent
parfois me visiter, maintenant tu viens aussi; je
ne suis pas à plaindre. »

Puis il prit sur une planche un livre d'images
où l'on voyait des processions magnifiques, des

carrosses bizarres, comme il n'y en a plus, et des
soldats portant l'uniforme du valet de trèfle. On
voyait encore des corporations avec leurs drapeaux : le drapeau des tailleurs portait des ciseaux

soutenus par deux lions; celui des cordonniers
était orné d'un aigle, sans souliers, il est vrai,
mais à deux têtes. Les cordonniers veulent avoir
tout en double, pour former la paire.

Et, tandis que le petit garçon regardait les ima-

ges, le vieillard alla dans la chambre voisine
chercher de la confitures des pommes et des noi-
settes. En vérité, la vieille maison ne manquait
pas d'agréments.

« Je ne pourrai jamais supporter cette existence, dit le soldat de plomb, debout sur un coffre.
Comme tout ici est triste! quelle solitude! Quel
malheur de se trouver en pareil lieu, pour celui
qui est habitué à la vie de famille! La journée ne
finit pas. Quelle différence avec la chambre où ton
père et ta mère s'entretenaient si gaiement, et où
toi et tes frères, que j'aime, faisiez un si charmant tapage! Ce vieillard, dans sa solitude, ne
reçoit jamais de caresses; il ne sait pas rire, et il
se passe sans doute aussi de l'arbre de Noël. Cette
demeure ressemble à une tombe; je ne pourrai
jamais supporter une telle existence!

— Ne te lamente pas tant, répondit le petit
garçon; moi, je me plais ici; et puis, tu sais qu'il
reçoit souvent la visite de ses vieilles pensées.

— C'est possible, mais je ne les vois pas; je ne
les connais pas. Jamais je ne pourrai rester ici!

— Cependant, il faut que tu t'y fasses. »

Le vieillard revint avec un visage souriant, ap-
portant de la confiture, des pommes et des noi-
settes, et le petit garçon ne pensa plus au soldat
de plomb.

Après s'être bien régalé, il retourna heureux et

content chez lui ; et il ne manquait pas de faire un signe amical à son vieil ami, chaque fois qu'il l'apercevait à la fenêtre.

Au bout de quelque temps, il fit une seconde visite dans la vieille maison.

« Je n'en peux plus ! dit le soldat de plomb ; j'ai pleuré du plomb ; c'est trop triste ici ! J'aimerais mieux aller à la guerre, au risque de perdre bras et jambes. Du moins, ce serait un changement. Je n'en peux plus ! Je sais maintenant ce que c'est que la visite des vieilles pensées ; les miennes sont venues me voir, mais sans me faire le moindre plaisir. Je vous voyais dans la maison d'en face comme si vous aviez été ici. J'assistais à la prière du matin, à vos leçons de musique, et je me croyais au milieu de tous les autres joujoux. Hélas ! ce n'étaient là que mes vieilles pensées. Dis-moi un peu comment se porte ta sœur, la petite Marie. Donne-moi aussi des nouvelles de mon camarade, l'autre soldat de plomb ; il a plus de chance que moi. Je n'en peux plus, je n'en peux plus !

— Tu ne m'appartiens plus, répondit le petit garçon, et je ne reprendrai pas ce que j'ai donné. Fais-toi donc à ton sort. »

Le vieillard apporta à l'enfant des images et un jeu d'anciennes cartes énormes et dorées, pour l'amuser. Ensuite il ouvrit son clavecin, joua un menuet et fredonna une ancienne chanson.

« En guerre! en guerre! » s'écria le soldat de plomb. Et il se précipita à terre.

Le vieillard et le petit garçon voulurent le relever, mais ils cherchèrent partout sans pouvoir le retrouver. Le soldat de plomb était tombé dans une fente.

Un mois plus tard, c'était l'hiver, le petit garçon envoyait son haleine sur les vitres pour fondre la glace et se faire ensuite avec le bout du doigt une petite lucarne. Par ce moyen, il pouvait regarder la vieille maison en face. La neige en couvrait entièrement l'escalier, toutes les inscriptions et toutes les sculptures. On n'y voyait personne, et, en effet, il n'y avait personne; le vieillard était mort.

Le même soir, une voiture s'arrêtait à la porte pour recevoir le corps, qui devait être enterré à la campagne. Personne ne suivait cette voiture; tous les amis du vieillard étaient morts aussi. Seul, le petit garçon envoya du bout de ses doigts un baiser au cercueil lorsqu'il partit.

Quelques jours après, la vieille maison fut mise en vente, et le petit garçon, par sa lucarne, vit emporter les portraits de chevaliers et de châtelaines, les pots de fleurs aux oreilles d'âne, les meubles de chêne et le vieux clavecin.

Le printemps suivant, la maison fut démolie.

« Ce n'est qu'une barraque! » répétait tout le

monde; et, en quelques heures, on ne vit plus
qu'un monceau de débris.

« Enfin! » dirent les maisons voisines en se pa-
vanant.

Quelques années après, sur l'emplacement de
la vieille maison, s'élevait une grande maison
neuve et magnifique, avec un petit jardin entouré
d'une grille en fer; elle était habitée par une de
nos anciennes connaissances, le petit garçon, ami
du vieillard. L'enfant avait grandi, il s'était marié;
et, dans le jardin, il regardait sa gentille petite
femme planter une fleur.

Tout à coup elle retira sa main en poussant un
cri; quelque chose de pointu lui avait piqué le
doigt.

Que pensez-vous que c'était? Rien autre chose
que le soldat de plomb, le même dont l'enfant
avait fait présent au vieillard. Jeté par-ci par-là,
confondu avec les pierres et les débris de la
vieille maison, il avait fini par s'enfoncer dans la
terre.

La jeune femme essuya le soldat, d'abord avec
une feuille verte, puis avec son mouchoir. Il se
sentit réveiller d'un long et lourd sommeil.

« Que je le voie un peu! dit son mari en riant.
Oh! non, ce n'est pas lui! Mais il me rappelle
l'histoire d'un autre soldat de plomb qui m'a appartenu lorsque j'étais enfant. »

Alors il raconta à sa femme l'histoire de la vieille maison, du vieillard et du soldat de plomb qu'il avait donné à ce dernier pour lui tenir compagnie.

Elle sentit, en l'écoutant, ses yeux se mouiller de larmes.

« Pourquoi ne serait-ce pas le même soldat ? dit-elle. En tout cas, je le garde. Mais, pourras-tu me montrer la tombe du vieillard ?

— Non, répondit le mari, j'ignore où elle est, et tout le monde l'ignore comme moi. Tous ses

amis étaient morts avant lui, personne ne l'ac-
compagna à sa dernière demeure, et moi je n'étais
qu'un enfant.

— Quelle chose affreuse que la solitude!

— Chose affreuse, en effet, pensa le soldat de
plomb. Mieux vaut pourtant être seul que se voir
oublié. »

L'OMBRE.

C'est terrible, comme le soleil brûle dans les pays chauds! Les gens y deviennent bruns comme de l'acajou, et, dans les plus chauds, noirs comme des nègres. Un savant était arrivé de son pays froid dans un de ces pays chauds, où il pensait pouvoir se promener comme chez lui; mais bientôt il fut persuadé du contraire. Comme les gens raisonnables, il fut obligé de s'enfermer toute la journée chez lui; la maison avait l'air de dormir ou d'être abandonnée. Du matin jusqu'au soir, le soleil brillait entre les hautes maisons, le long de la petite rue où il restait. En vérité, c'était insupportable.

Le savant des pays froids, qui était jeune encore, se croyait dans une fournaise ardente; il maigrit de plus en plus, et son ombre se rétrécit considérablement. Le soleil lui portait préjudice. Il ne revenait véritablement à la vie qu'après le coucher du soleil.

Que d'agréments alors! Dès qu'on allumait la

bougie dans la chambre, l'Ombre s'étendait sur tout le mur, [même sur une partie du plafond; elle s'étendait le plus possible, pour reprendre ses forces.

Le savant, de son côté, sortait sur le balcon pour

s'y étendre, et; à mesure que les étoiles apparaissaient sur le beau ciel, il se sentait peu à peu revivre. Bientôt il se montrait du monde sur chaque balcon de la rue : dans les pays chauds, chaque fenêtre a un balcon, car il faut de l'air même aux gens de couleur acajou. Comme tout s'animait

alors! Les cordonniers, les tailleurs, tout le monde
se répandait dans la rue. On y voyait des tables,
des chaises, et mille lumières. L'un parlait, l'autre chantait; on se promenait; les voitures roulaient, les ânes passaient en faisant retentir leurs
sonnettes, un mort était porté en terre au bruit
des chants sacrés, les gamins lançaient des pé
tards, les cloches des églises carillonnaient; en
un mot, la rue était bien animée.

Une seule maison, celle qui se trouvait en face
du savant, ne donnait aucun signe de vie. Cependant quelqu'un y demeurait, car des fleurs admirables s'épanouissaient sur le balcon, et pour cela
il fallait absolument que quelqu'un les arrosât.
Aussi, le soir, la porte s'ouvrait, mais il y faisait
noir; une douce musique sortait de l'intérieur. Le
savant trouvait cette musique sans pareille, mais
peut-être était-ce un effet de son imagination: car
il eût trouvé toute chose sans pareille dans les
pays chauds, si le soleil n'y eût brillé toujours.
Son propriétaire lui dit qu'il ignorait absolument
le nom et l'état du locataire d'en face; on ne voyait
jamais personne dans cette maison, et, quant à la
musique, il la déclarait horriblement ennuyeuse.

« C'est quelqu'un qui étudie continuellement le
même morceau sans pouvoir l'apprendre, dit-il;
quelle persévérance! »

Une nuit, le savant se réveilla et crut voir une

lueur bizarre sur le balcon de son voisin; toutes
les fleurs brillaient comme des flammes, ét, au
milieu d'elles, se tenait debout une grande demoiselle svelte et charmante, qui brillait autant que
les fleurs. Cette forte lumière blessa les yeux de
notre homme, il se leva tout d'un coup, et alla
écarter le rideau de la fenêtre pour regarder la
maison d'en face : tout avait disparu. Seulement,
la porte qui donnait sur le balcon était entr'ouverte, et la musique résonnait toujours. Il fallait
qu'il y eût quelque sorcellerie là-dessous. Qui
donc habitait là? où était donc l'entrée? Tout le
rez-de-chaussée se composait de boutiques; nulle
part on ne voyait de corridor ni d'escalier condui-
sant aux étages supérieurs.

Un soir, le savant était assis sur son balcon, et,
derrière lui, dans la chambre, brûlait une bougie;
il était donc tout naturel que son ombre se dessi-
nât sur le mur du voisin. Elle se montrait entre
les fleurs, et répétait tous les mouvements du savant.

« Je crois que mon ombre est la seule chose qui
vive là, en face: comme elle est gentiment assise
entre les fleurs, près de la porte entr'ouverte!
Elle devrait être assez fine pour entrer, regarder
ce qui se passe, et venir me le raconter. Va donc!
cria-t-il en plaisantant; montre au moins que tu
sers à quelque chose; allons! entre. »

Puis il fit un signe de tête à l'Ombre, et l'Ombre répéta ce signe. « Va! mais ne reste pas trop longtemps. »

A ces mots, le savant se leva et l'Ombre fit comme lui. Il se tourna, et l'Ombre se tourna aussi. Quelqu'un qui eût fait attention aurait pu voir que l'Ombre entrait par la porte entr'ouverte chez le voisin, au moment où le savant entrait lui-même dans sa chambre en tirant derrière lui le grand rideau.

Le lendemain, lorsque ce dernier sortit pour prendre son café et lire les journaux, arrivé sous l'éclat du soleil, il s'écria tout à coup : « Qu'est-ce donc? où est mon ombre? serait-elle, en effet, partie hier au soir, et pas encore revenue? C'est excessivement fâcheux. »

Grand était son dépit, non pas parce que l'Ombre avait disparu; mais parce qu'il savait l'histoire d'un homme sans ombre, comme tout le monde dans les pays froids, et si lui, revenu un jour, racontait sa propre histoire, on l'accuserait de plagiat sans qu'il le méritât le moins du monde. Il résolut donc de n'en parler à personne. Et bien il fit.

Le soir, il retourna sur son balcon après avoir bien posé la lumière derrière lui, pour faire revenir son ombre; mais il eut beau se faire grand, petit, et répéter, hem! hem! l'ombre n'apparut pas.

Cette séparation le tourmenta beaucoup ; mais, dans les pays chauds, tout repousse bien vite, et, au bout de huit jours, il remarqua, à son grand plaisir, qu'une nouvelle ombre sortait de ses jambes lorsqu'il se promenait au soleil. La racine de l'ancienne y était probablement restée. Au bout

de trois semaines, il avait une ombre convenable qui, dans son voyage aux pays du Nord, crût tellement que notre savant aurait pu se contenter de la moitié.

Revenu dans son pays, il composa plusieurs livres sur ce que le monde a de vrai, de beau et de bon : et bien des années s'écoulèrent ainsi.

Un soir qu'il était assis dans sa chambre, quelqu'un frappa à la porte.

« Entrez! dit-il.

Mais personne n'entra. Il alla ouvrir et vit un homme très-grand et très-maigre, du reste parfaitement habillé et de l'air le plus comme il faut.

« A qui ai-je l'honneur de parler? demanda le savant.

— Je me doutais bien que vous ne me reconnaîtriez pas, répondit l'homme délicat; voyez-vous? c'est que je suis devenu corps; j'ai de la chair, et je porte des habits. Ne reconnaissez-vous pas votre ancienne ombre? Vous avez cru que je ne reviendrais plus. J'ai eu bien de la chance depuis que je vous ai quitté; je suis riche et j'ai par conséquent les moyens de me racheter. »

Puis il fit sonner un tas de breloques attachées à la lourde chaîne d'or de sa montre, et ses doigts couverts de diamants lancèrent mille éclairs.

« Je n'en reviens pas! dit le savant; qu'est-ce que cela signifie?

— Certes, cela est extraordinaire, en effet, mais vous-même, n'êtes-vous pas un homme extraordinaire? Et moi, vous le savez bien, j'ai suivi vos traces dès votre enfance. Me trouvant mûr pour faire seul mon chemin dans le monde, vous m'y avez lancé, et j'ai parfaitement réussi. J'ai eu le désir de vous voir avant votre mort, et, en même temps, de visiter ma patrie. Vous savez, on aime toujours sa patrie. Sachant que vous avez une autre ombre, je vous demanderai maintenant si je dois quelque chose à elle ou à vous. Parlez, s'il vous plaît.

— C'est donc véritablement toi! répondit le savant. C'est extraordinaire; jamais je n'aurais cru que mon ancienne ombre me reviendrait sous la forme d'un homme.

— Dites ce que je dois, reprit l'Ombre, je n'aime pas les dettes.

— De quelles dettes parles-tu? tu me vois tout heureux de ta chance; assieds-toi, vieil ami, et raconte-moi tout ce qui s'est passé. Que voyais-tu chez le voisin, dans les pays chauds?

— Je vous le raconterai, mais à une condition; c'est de ne jamais dire à personne ici, dans la ville, que j'ai été votre ombre. J'ai l'intention de me marier; mes moyens me permettent de nourrir une famille, et au delà.

—Sois tranquille! je ne dirai à personne qui tu es. Voici ma main, je te le promets. Un homme est un homme, et une parole....

— Et une parole est une ombre.

A ces mots, l'Ombre s'assit, et, soit par orgueil, soit pour se l'attacher, elle posa ses pieds chaussés de bottines vernies sur le bras de la nouvelle ombre qui gisait aux pieds de son maître comme un caniche. Celle-ci se tint bien tranquille pour écouter, impatiente d'apprendre comment elle pourrait s'affranchir et devenir son propre maître.

« Devinez un peu qui demeurait dans la chambre du voisin! commença la première Ombre; c'était une personne charmante, c'était la Poésie. J'y suis resté pendant trois semaines, et ce temps a valu pour moi trois mille ans. J'y ai lu tous les poëmes possibles, je les connais parfaitement. Par eux j'ai tout vu et je sais tout.

— La Poésie! s'écria le savant; oui, c'est vrai, elle n'est souvent qu'un ermite au milieu des grandes villes. Je l'ai vue un instant, mais le sommeil pesait sur mes yeux. Elle brillait sur le balcon comme une aurore boréale. Voyons! continue. Une fois entré par la porte entr'ouverte....

— Je me trouvai dans l'antichambre; il y faisait à peu près noir, mais j'aperçus devant moi une file immense de chambres dont les portes étaient ouvertes à deux battants. La lumière s'y faisait peu à peu, et, sans les précautions que je pris, j'aurais été foudroyé par les rayons avant d'arriver à la demoiselle.

— Enfin que voyais-tu? demanda le savant.

— Je voyais tout, comme je vous le disais tout à l'heure. Certes, ce n'est pas par fierté; mais comme homme libre, et avec mes connaissances, sans parler de ma position et de ma fortune, je désire que vous ne me tutoyiez pas.

— Je vous demande pardon ; c'est une ancienne habitude. Vous avez parfaitement raison, cela ne m'arrivera plus. Enfin que voyiez-vous?

— Tout! j'ai tout vu et je sais tout.

— Quel aspect vous offraient les salles de l'intérieur? Ressemblaient-elles à une fraîche forêt, à une sainte église ou au ciel étoilé?

— Elles ressemblaient à tout cela. Il est vrai que je ne les traversai pas ; mais, de l'antichambre, je vis tout.

— Mais enfin, les dieux de l'antiquité passaient-ils par ces grandes salles? Les anciens héros y combattaient-ils? Est-ce que des enfants charmants y jouaient et racontaient leurs rêves?

— Je vous répète encore une fois que j'ai tout vu. En y entrant, vous ne seriez pas devenu un homme ; mais moi j'en devins un. J'y appris à connaître ma véritable nature, mes talents et ma parenté avec la Poésie. Lorsque j'étais encore avec vous, je n'y réfléchissais jamais ; mais vous devez vous rappeler comme je grandissais toujours au lever et au coucher du soleil. Au clair de la lune, je paraissais presque plus distinct que vous-même ; seulement, je ne comprenais pas alors ma véritable nature ; c'est dans l'antichambre que j'ai appris à la connaître. J'étais mûr au

moment où vous m'avez lancé dans le monde,
mais vous partiez tout à coup en me laissant
presque nu. J'eus bièntôt honte de me trouver
dans un pareil état; j'avais besoin de vêtements,
de bottes, de tout ce vernis qui fait l'homme. Je
me cachai, je vous le dis sans crainte, persuadé
que vous ne l'imprimerez pas, je me cachai sous
les jupons d'une marchande de gâteaux qui ignorait ma valeur. Le soir seulement, je sortais pour
courir les rues au clair de la lune. Je montais et
je descendais le long des murs, regardant par
les grandes fenêtres dans les salons et par les lu-
carnes dans les mansardes. Je vis par où personne
ne pouvait voir, et ce que personne ne pouvait
voir ni ne devait voir. Pour vous dire la vérité,
ce monde est bien vil; et, sans ce préjugé qu'un
homme signifie quelque chose, je ne me soucierais
pas de l'être. J'ai vu des choses inimaginables
chez les femmes, chez les hommes, chez les parents et les enfants charmants. J'ai vu ce que
personne ne devait savoir, mais ce que tous brûlaient de savoir, le mal du prochain. Si j'avais
écrit un journal, on l'aurait dévoré; mais je pré-
férais écrire aux personnes elles-mêmes, et dans
toutes les villes où je passais, c'était une frayeur
inouïe. On me craignait et on me chérissait. Les
professeurs me firent professeur, les tailleurs me
donnèrent des habits; j'en ai en quantité; le di-

recteur de la monnaie me frappait de belles
pièces ; les femmes me trouvaient gentil garçon.
C'est ainsi que je suis devenu ce que je suis. Là-
dessus, je vous présente mes respects. Voici ma
carte ; je demeure du côté du soleil, et, en temps
de pluie, vous me trouverez toujours chez moi. »

A ces mots, l'Ombre partit.

« C'est cependant bien remarquable, » dit le
savant.

Juste une année après, l'Ombre revint.

« Comment allez-vous? demanda-t-elle.

— Hélas! j'écris sur le vrai, sur le beau et sur
le bon, mais personne n'y fait attention. J'en suis
au désespoir.

— Vous avez tort; regardez-moi; j'engraisse,
et c'est ce qu'il faut. Vous ne connaissez pas le
monde. Je vous conseille de faire un voyage; encore mieux, comme j'ai l'intention d'en faire un
cet été, si vous voulez m'accompagner en qualité
d'ombre, vous me ferez grand plaisir. Je paye le
voyage.

— Vous allez trop loin.

— C'est selon. Je vous assure que le voyage
vous fera du bien. Soyez mon ombre, vous n'aurez rien à dépenser.

— C'en est trop! dit le savant.

— Il en est ainsi du monde, et il en sera toujours ainsi. » repartit l'Ombre en s'en allant.

Le savant se trouva de plus en plus mal, à force d'ennuis et de chagrins. Ce qu'il disait du vrai, du beau et du bon, produisait sur la plupart des hommes le même effet que les roses sur une vache.

« Vous avez l'air d'une ombre, » lui dit-on, et cela le fit frémir.

« Il faut que vous alliez prendre les bains, lui dit l'Ombre, qui était revenue le voir ; c'est le seul remède. Je m'y rendrai avec vous, car ma barbe ne pousse pas bien, et c'est une maladie. Il faut toujours avoir de la barbe. Je paye le voyage : vous en ferez la description, et cela m'amusera chemin faisant. Soyez raisonnable et acceptez mon offre ; nous voyagerons comme d'anciens cama-rades. »

Ils se mirent en route. L'Ombre était devenue le maître, et le maître était devenu l'ombre. Partout ils se suivaient à se toucher, par devant ou par derrière, suivant la position du soleil. L'Ombre savait toujours bien occuper la place du maî-tre. et le savant ne s'en formalisait pas. Il avait bon cœur, et un jour il dit à l'Ombre :

« Puisque nous sommes des compagnons de voyage et que nous avons grandi ensemble, tu-toyons-nous, c'est plus intime.

— Vous parlez franchement, repartit l'Ombre, ou plutôt le véritable maître : moi aussi je parle-rai franchement. En qualité de savant, vous devez savoir combien la nature est étrange. Il y a des personnes qui ne peuvent toucher un morceau de papier gris sans se trouver mal ; d'autres frémissent en entendant frotter un clou sur un carreau de vitre ; quant à moi, j'éprouve la même sensation à m'entendre tutoyer, il me semble que cela me couche par terre comme au temps où j'étais votre ombre. Vous voyez que chez moi ce n'est pas fierté, mais sentiment. Je ne peux pas me laisser tutoyer par vous, mais je vous tutoierai ; ce sera la moitié de ce que vous désirez. »

Dès ce moment, l'Ombre tutoya son ancien maître.

« C'est trop fort ! pensa celui-ci ; je lui dis *vous*, et il me tutoie. » Néanmoins il prit son parti.

Arrivés aux bains, ils rencontrèrent une grande quantité d'étrangers ; entre autres, une belle princesse affectée d'un mal inquiétant : elle voyait trop clair.

Elle remarqua bientôt l'Ombre parmi tous les autres : « Il est venu ici pour faire pousser sa barbe, à ce qu'on dit ; mais la véritable cause de son voyage, c'est qu'il n'a point d'ombre. »

Prise de curiosité, elle entama conversation dans une promenade avec cet étranger. Comme princesse, elle n'avait pas besoin de faire beaucoup de façons, et elle lui dit : « Votre maladie est de ne pas produire d'ombre.

— Votre Altesse Royale se trouve heureusement bien mieux, répondit l'ombre; elle souffrait de voir trop clair, mais maintenant elle est guérie, car elle ne voit pas que j'ai une ombre, et même une ombre extraordinaire. Voyez-vous la personne qui me suit continuellement? Ce n'est pas une ombre commune. De même qu'on donne souvent pour livrée à ses domestiques du drap plus fin que celui que l'on porte soi-même, ainsi j'ai paré mon ombre comme un homme. Je lui ai même donné une ombre. Quoi qu'il m'en coûte, j'aime à avoir des choses que les autres n'ont pas.

— Quoi! pensa la princesse, est-ce que vraiment je serais guérie? Il est vrai que l'eau, dans le temps où nous vivons, possède une vertu singulière, et ces bains ont une grande réputation. Cependant je ne les quitterai pas encore; on s'y amuse parfaitement, et ce jeune homme-là me plaît. Pourvu que sa barbe ne pousse pas! car il s'en irait. »

Le soir, la princesse dansa avec l'Ombre dans la grande salle de danse. Elle était bien légère, mais son cavalier l'était encore davantage; jamais elle n'en avait rencontré un pareil. Elle lui dit le nom de son pays, et lui le connaissait bien, car il y avait regardé par les fenêtres. Il raconta même à la princesse des choses qui l'étonnèrent on ne peut plus. Certes, c'était l'homme ' us instruit du monde! Elle lui témoigna peu à peu toute son estime, et en dansant encore une fois ensemble, elle trahit son amour par des regards qui semblaient le pénétrer. Néanmoins, comme c'était une fille réfléchie, elle se dit : « Il est instruit, c'est bon ; il danse parfaitement, c'est encore bon ; mais possède-t-il des connaissances profondes ? C'est ce qu'il y a de plus important ; je vais l'examiner un peu à ce sujet. »

Et elle commença à l'interroger sur des choses tellement difficiles, qu'elle n'aurait pu y répondre elle-même. L'Ombre fit une grimace.

« Vous ne savez donc pas répondre ? dit la princesse.

— Je savais tout cela dans mon enfance, répondit l'Ombre, et je suis sûr que mon ombre, que vous voyez là-bas devant la porte, y répondra facilement.

— Votre ombre ! ce serait bien étonnant.

— Je n'en suis pas tout à fait certain, mais je le crois, puisqu'elle m'a suivi et écouté pendant tant d'années. Seulement, Votre Atesse Royale me permettra d'appeler son attention sur un point tout particulier ; cette ombre est tellement fière d'appartenir à un homme, que, pour la trouver de bonne humeur, ce qui est nécessaire pour qu'elle réponde bien, il faut la traiter absolument comme un homme.

— Je l'approuve, » dit la princesse.

Puis elle s'approcha du savant pour lui parler
du soleil, de la lune, de l'homme sous tous les
rapports ; il répondait convenablement et avec
beaucoup d'esprit.

« Quel homme distingué, pensa-t-elle, pour
avoir une ombre aussi sage ! Ce serait une bénédiction pour mon peuple, si je le choisissais pour
époux. »

Bientôt la princesse et l'Ombre arrêtèrent leur
mariage ; mais personne ne devait le savoir avant
que la princesse fût de retour dans son royaume.

« Personne ! pas même mon ombre, » dit l'Ombre, qui avait ses raisons pour cela.

Lorsqu'ils furent arrivés dans le pays de la
princesse, l'Ombre dit au savant : « Écoute, mon
ami, je suis devenu heureux et puissant au dernier point, et je vais maintenant te donner une
marque particulière de ma bienveillance. Tu de-
meureras dans mon palais, tu prendras place à
côté de moi dans ma voiture royale, et tu rece-
vras cent mille écus par an. Cependant j'y mets
une condition ; c'est que tu te laisses qualifier
d'ombre par tout le monde. Jamais tu ne diras
que tu as été un homme, et une fois par an,
lorsque je me montrerai au peuple sur le balcon
éclairé par le soleil, tu te coucheras à mes pieds
comme une ombre. Il est convenu que j'épouse
la princesse, et la noce se fait ce soir.

— Non, c'en est trop! s'écria le savant; jamais je ne consentirai à cela; je détromperai la princesse et tout le pays. Je veux dire toute la vérité : je suis un homme, et toi, tu n'es qu'une ombre habillée.

— Personne ne te croira : sois raisonnable, ou j'appelle la garde.

— Je vais de ce pas trouver la princesse.

— Mais moi j'arriverai le premier, et je te ferai jeter en prison. »

Puis l'Ombre appela la garde, qui obéissait déjà au fiancé de la princesse, et le savant fut emmené.

« Tu trembles! dit la princesse en revoyant l'Ombre; qu'y a-t-il donc? Prends garde de tomber malade le jour de ta noce.

— Je viens d'essuyer une scène cruelle; mon ombre est devenue folle. Figure-toi qu'elle s'est mis en tête qu'elle est l'homme, et que moi, je suis l'ombre.

— C'est terrible! j'espère qu'on l'a enfermée?

— Sans doute; je crains qu'elle ne se remette jamais.

— Pauvre ombre! dit la princesse; elle est bien malheureuse. Ce serait peut-être un bienfait que de lui ôter le peu de vie qui lui reste. Oui, en y songeant bien, je crois nécessaire d'en finir avec elle secrètement.

— C'est une affreuse extrémité, répondit l'Ombre en ayant l'air de soupirer; je perds un fidèle serviteur.

— Quel noble caractère! » pensa la princesse.

Le soir, toute la ville fut illuminée, on tira le canon; partout retentissaient la musique et les chants. La princesse et l'Ombre se montrèrent sur le balcon, et le peuple, enivré de joie, cria trois fois hourra!

Le savant ne vit rien, n'entendit rien, car on l'avait tué.

LE COFFRE VOLANT

Il était une fois un marchand si riche, qu'il aurait pu paver toute une grande rue et encore une
petite de pièces d'argent; mais il avait bien garde
de le faire; il savait mieux employer sa richesse.
Il ne dépensait un sou qu'avec la certitude de gagner un écu. C'était un marchand bien habile et
tel il mourut.

Son fils hérita de tout cet argent; il mena
joyeuse vie, alla tous les soirs au bal masqué, fit
des cerfs-volants avec des billets de banque, et
s'amusa à faire des ronds dans l'eau en y jetant
des pièces d'or, comme un autre des cailloux. De
cette manière, il ne faut pas s'étonner s'il vint à
bout de ses trésors, et s'il finit par n'avoir pour

toute fortune que quatre sous, pour garde-robe
qu'une paire de pantoufles et une vieille robe de
chambre. Tous ses amis, ne pouvant plus se montrer dans la rue avec lui, l'abandounèrent à la
fois; un d'eux néanmoins eut la bonté de lui envoyer un vieux coffre avec ces mots : « Fais ton
paquet. » Certes le conseil était bon; mais, comme
le pauvre garçon n'avait rien à emballer, il se mit
lui-même dans le coffre.

Ce coffre était bien bizarre : en pressant la ser-
rure, il s'enlevait dans les airs comme un oiseau.

Le fils du marchand, dès qu'il eut connaissance
de cette propriété merveilleuse, s'envola par la
cheminée vers les nuages, et alla toujours devant
lui. Le coffre craquait; il eut peur qu'il ne se bri-
sât en deux et ne lui fît faire un saut terrible.
Cependant il arriva sain et sauf dans le pays des
Turcs.

Après avoir caché son équipage dans la forêt,
sous les feuilles sèches, il se rendit à la ville, où
son arrivée n'étonna personne, vu que tous les
Turcs marchaient comme lui, en robe de chambre
et en pantoufles. En parcourant les rues, il rencontra une nourrice et un petit enfant.

« Nourrice turque, demanda-t-il, quel est ce
grand château, près de la ville, dont les fenêtres
sont si hautes ?

— C'est la demeure de la fille du roi, répondit la nourrice. On lui a prédit que son fiancé la rendra bien malheureuse; c'est pourquoi personne ne peut l'approcher qu'en présence du roi et de la reine.

— Merci! » dit le fils du marchand. Puis il retourna dans la forêt, se plaça dans le coffre et prit son vol. Bientôt il arriva sur le toit du château, et se glissa par la fenêtre dans la chambre de la princesse.

La princesse sommeillait sur un sofa; sa beauté était si grande que notre homme ne put s'empêcher de l'embrasser. Elle se réveilla tout effrayée, mais il lui affirma qu'il était le dieu des Turcs, descendu du ciel en sa faveur. Cette déclaration la rassura aussitôt.

Assis près d'elle, il commença à lui raconter des histoires merveilleuses : celle du petit Rossignol, de la petite Sirène, de la Reine de la neige et de la mère Gigogne.

La princesse était enchantée de tous ces beaux contes, et elle lui promit de ne pas prendre d'autre mari que lui.

« Revenez samedi prochain, dit elle. J'ai invité le roi et la reine à un thé; ils seront fiers de me faire épouser le dieu des Turcs. Mais ayez soin surtout de leur raconter quelques belles aventures. Ma mère aime le genre moral et sérieux;

mon père, lui, préfère ce qui est joyeux et plaisant.

— Soyez tranquille! ma corbeille de noces ne sera remplie que d'aventures. »

Ils se séparèrent; et la princesse lui fit cadeau d'un sabre incrusté de pièces d'or, qui certes lui arrivaient à propos.

Il courut s'acheter une nouvelle robe de chambre, puis il s'assit dans la forêt pour inventer quelque histoire. D'abord, il éprouva beaucoup de difficultés, car ce n'est pas chose facile que de faire des contes; mais enfin il réussit, et le samedi suivant il était prêt.

Le roi, la reine et toute la cour étaient venus prendre le thé chez la princesse; le fils du marchand y fut reçu avec la plus grande amabilité.

« Veuillez nous raconter quelque aventure, dit la reine; quelque chose de sensé et d'instructif.

— Ou quelque chose qui fasse rire, ajouta le roi.

— Avec plaisir, » répondit le jeune homme.

Et il raconta ce que vous allez entendre.

« Il y avait un jour un paquet d'allumettes extrêmement fières de leur haute naissance. Leur souche, c'est-à-dire le grand sapin dont chacune d'elles représentait un fragment, avait été jadis un des arbres les plus considérables de la forêt. Les allumettes étaient placées dans la cuisine,

entre un briquet et un vieux pot de fer, à qui elles
racontaient l'histoire de leur enfance. « Oui, di-
« saient-elles, lorsque nous étions une branche
« verte, nous étions heureuses comme au pa-
« radis. Tous les matins et tous les soirs, on nous
« servait du thé de diamant; c'était la rosée.
« Toute la journée nous avions le soleil, lorsque
« le soleil brillait, et les petits oiseaux nous chan-
« taient des histoires. Aussi nous étions bien ri-
« ches, car les autres arbres ne portaient de vê-
« tements que dans l'été; mais notre famille avait
« les moyens de nous donner des habits verts, en
« hiver comme en été. Vint une grande révolu-
« tion, et notre famille fut dispersée par les bû-
« cherons. Notre souche obtint une place de
« grand mât sur un magnifique vaisseau capable
« de faire le tour du monde; d'autres branches
« obtinrent d'autres emplois, et notre partage fut
« celui d'éclairer la multitude. C'est ainsi que,
« malgré notre origine distinguée, nous nous
« trouvons dans la cuisine.

« — Quant à moi, dit le pot de fer, mon sort
« est tout différent. Dès que je suis venu au
« monde, on n'a fait que m'écurer, me mettre
« sur le feu et m'en ôter. Je suis de la plus haute
« importance dans la maison, et je ne donne que
« dans le solide. Mon seul plaisir consiste, après
« le dîner, à reprendre, propre et luisant, ma

« place sur la planche, et à causer sérieusement
« avec mes camarades. Malheureusement, nous
« sommes toujours claquemurés ici, à l'exception
« du seau d'eau, qui quelquefois descend dans la
« cour. Il est vrai que le panier du marché nous
« apporte les nouvelles du dehors, mais il parle
« avec trop d'exaltation du gouvernement et du
« peuple. Aussi avant-hier un vieux pot en a été
« tellement bouleversé, qu'il est tombé par terre
« et s'est brisé. Si je ne me trompe, le panier,
« avec ses idées trop avancées, appartient à l'op-
« position.

« — Tu parles trop! » répliqua le briquet; et
« l'acier, se heurtant contre le caillou, en fit jail-
« lir des étincelles. « Tâchons de nous amuser un
« peu, ce soir.

« — Oui, reprirent les allumettes, causons,
« et décidons quel est le plus noble de nous
« tous.

« — Je n'aime pas à m'entretenir de moi-même,
« observa le pot de terre. Il nous reste d'autres
« sujets de conversation. Je commencerai par ra-
« conter l'histoire de ma vie, puis chacun en fera
« autant. Rien n'est plus divertissant. Or donc,
« sur les bords de la Baltique, non loin des su-
« perbes forêts de hêtres qui couvrent le sol de
« notre chère patrie, le vieux Danemark....

« — A la bonne heure! voilà un beau commen-

« cement, s'écrièrent les assiettes; voilà une his-
« toire qui promet !

« — Là, continua le pot de terre, j'ai passé ma
« jeunesse dans une famille paisible. Les meubles
« y étaient frottés tous les quinze jours, le plan-
« cher lavé, et les rideaux nettoyés.

« — Que vous avez une manière intéressante de
« raconter! dit le balai; on dirait une bonne
« femme de ménage qui parle, tellement tout cela
« respire la propreté.

« — Certainement, » appuya le seau; et, transporté de joie, il fit un petit bond; une partie de
son eau tomba bruyamment à terre.

« Et le pot continua son récit, dont la fin était
aussi belle que le commencement.

« Toutes les assiettes s'agitèrent joyeusement,
et le balai prit quelques brins de persil pour cou-
ronner le pot. Certes, cette distinction dut vexer
les autres, mais ils pensèrent : « Si je le couronne
aujourd'hui, il me couronnera demain. »

« Dansons! » dirent les pincettes; et elles se
mirent à danser. C'était curieux à voir, comme
elles savaient lever une jambe en l'air! La vieille
couverture de la chaise creva de rire en les regardant.

« Nous demandons à être aussi couronnées, »
dirent les pincettes; et on les couronna.

« Quel genre! » pensaient les allumettes.

« Ensuite la théière fut priée de chanter, mais elle prétexta un refroidissement. C'était pur orgueil, car elle se faisait toujours entendre quand il y avait du monde au salon.

« Sur la fenêtre était une vieille plume d'oie dont la domestique se servait pour écrire. Cette plume n'avait rien de remarquable, si ce n'est qu'on l'avait trop enfoncée dans l'encrier. Du reste, elle en était fière.

« Si la théière ne veut pas chanter, dit-elle, « nous nous en passerons. Dehors, dans la cage, « il y a le rossignol qui chantera sans se faire « prier, quoiqu'il n'ait rien appris. Nous serons « indulgents ce soir.

« — Cette proposition me paraît assez inconve- « nante, » répondit la bouilloire, sœur de la théière, et chanteuse ordinaire de la cuisine; « pourquoi « admettre parmi nous un oiseau étranger? Ce « n'est guère patriotique. J'en fais juge le panier « du marché.

« — Franchement parlant, répliqua le panier, « je suis profondément vexé de passer ma soirée « de la sorte. Il vaudrait bien mieux, ce me semble, « mettre l'ordre partout; chacun resterait à sa « place, et je dirigerais les divertissements. Vous « verriez bien autre chose.

« — Non, laissez-nous faire du tapage! » dirent tous les ustensiles.

« Mais en ce moment la porte s'ouvrit. C'était la servante; personne ne bougea plus, personne ne souffla mot. Cependant il n'y avait pas parmi eux de pot si mince qu'il ne se crût très-capable, et d'une origine très-distinguée.

« Oui, pensait chacun d'eux, si on avait voulu « me laisser faire, nous nous serions autrement « amusés ce soir. »

« La bonne prit les allumettes pour allumer son feu. Ciel! comme elles craquèrent et s'enflammèrent avec fracas!

« Maintenant, se disaient-elles, tout le monde « est obligé de reconnaître notre splendeur! Quelle « lumière! quelle.... » Et ce n'était plus qu'un peu de cendre.

— Voilà une aventure charmante! dit la reine; tout à l'heure je me croyais transportée au milieu de la cuisine, près des allumettes. Aussi vous épouserez notre fille.

— Oui, certes! ajouta le roi, tu auras notre fille pour femme, et à lundi la noce. »

En le tutoyant, on regardait déjà le fils du marchand comme membre de la famille.

La veille de la noce, toute la ville fut illuminée. On jeta dans toutes les rues des brioches et des macarons; les gamins grimpaient sur les arbres, criaient : hourra! et sifflaient entre leurs doigts. C'était vraiment un spectacle magnifique.

« Maintenant, se dit le fils du marchand, il faut
que moi aussi de mon côté je fasse quelque chose. »

Il acheta une quantité de fusées volantes, de pétards, toutes les pièces d'un beau feu d'artifice.

puis il les mit dans son coffre, et s'éleva dans les airs.

Routch! ritch! routch! quelle détonation! quel éclat! et combien de couleurs!

A cette vue, tous les Turcs se mirent à sauter de joie, si bien que leurs pantoufles volaient jusqu'à leurs oreilles. Jamais ils n'avaient vu un pareil phénomène. Maintenant ils étaient bien convaincus que c'était leur dieu en personne qui allait épouser la princesse.

Revenu dans la forêt, le fils du marchand se dit: « Il faut que j'aille dans la ville, pour apprendre l'effet qu'a produit mon feu d'artifice. » Ce désir était bien naturel.

Que de choses singulières on lui en raconta! chacun l'avait vu d'une manière différente, mais tous en étaient enchantés.

« J'ai vu le dieu des Turcs, disait l'un; il avait les yeux brillants comme des étoiles, et une barbe semblable à l'écume des vagues.

— Il s'est envolé sur un manteau de feu, disait l'autre; et dans les plis du manteau de jolis petits anges voltigeaient. »

Le jeune homme entendit encore plus d'une belle chose ce soir-là, la veille de sa noce. Enfin il retourna dans la forêt pour se placer dans son coffre; mais nulle part il ne l'aperçut. Le coffre avait été brûlé, brûlé par une étincelle de feu d'ar-

tifice. Il n'en restait qu'un peu de cendre. Le pauvre garçon ne pouvait plus s'envoler ni revoir sa
fiancée.

Elle l'attendit sur le toit toute la journée; elle
l'attend encore. Lui cependant parcourt le monde
en racontant des aventures; mais aucune d'elles
n'est aussi joyeuse que celle des allumettes.

LA PAQUERETTE.

Écoutez bien cette petite histoire?

À la campagne, près de la grande route, était située une gentille maisonnette que vous avez sans doute remarquée vous-même. Sur le devant se trouve un petit jardin avec des fleurs et une palissade verte; non loin de là, sur le bord du fossé, au milieu de l'herbe épaisse, fleurissait une petite pâquerette. Grâce au soleil qui la chauffait de ses rayons aussi bien que les grandes et riches fleurs du jardin, elle s'épanouissait d'heure en heure. Un beau matin, entièrement ouverte, avec ses petites feuilles blanches et brillantes, elle ressemblait à un soleil en miniature entouré de ses rayons. Qu'on l'aperçût dans l'herbe et qu'on la regardât comme une pauvre fleur insignifiante, elle s'en inquiétait peu. Elle était contente, aspirait avec délices la chaleur du soleil, et écoutait le chant de l'alouette qui s'élevait dans les airs.

Ainsi, la petite pâquerette était heureuse comme par un jour de fête, et cependant c'était un lundi.

Pendant que les enfants, assis sur les bancs de
l'école, apprenaient leurs leçons, elle, assise sur sa
tige verte, apprenait par la beauté de la nature la
bonté de Dieu, et il lui semblait que tout ce qu'elle
ressentait en silence, la petite allouette l'exprimait parfaitement par ses chansons joyeuses. Aussi
regarda-t-elle avec une sorte de respect l'heureux
oiseau qui chantait et volait, mais elle n'éprouva
aucun regret de ne pouvoir en faire autant.

« Je vois et j'entends, pensa-t-elle ; le soleil me
réchauffe et le vent m'embrasse. Oh ! j'aurais tort
de me plaindre. »

En dedans de la palissade se trouvaient une
quantité de fleurs roides et distinguées ; moins
elles avaient de parfum, plus elles se redressaient.
Les pivoines se gonflaient pour paraître plus grosses que les roses : mais ce n'est pas la grosseur
qui fait la rose. Les tulipes brillaient par la beauté
de leurs couleurs et se pavanaient avec prétention ;
elles ne daignaient pas jeter un regard sur la petite pâquerette, tandis que la pauvrette les admirait en disant : « Comme elles sont riches et belles !
Sans doute le superbe oiseau va les visiter. Dieu
merci, je pourrai assister à ce beau spectacle. »
Et au même instant, l'alouette dirigea son vol,
non pas vers les pivoines et les tulipes, mais vers
le gazon, auprès de la pauvre pâquerette, qui, effrayée de joie, ne savait plus que penser.

Le petit oiseau se mit à sautiller autour d'elle en chantant : « Comme l'herbe est moelleuse ! Oh ! la charmante petite fleur au cœur d'or et à la robe d'argent !' »

On ne peut se faire une idée du bonheur de la petite fleur. L'oiseau l'embrassa de son bec, chanta encore devant elle, puis il remonta dans l'azur du ciel. Pendant plus d'un quart d'heure, la pâquerette ne put se remettre de son émotion. A moitié honteuse, mais ravie au fond du cœur, elle regarda les autres fleurs dans le jardin. Témoins de l'honneur qu'on lui avait rendu, elles devaient bien comprendre sa joie ; mais les tulipes se tenaient encore plus roides qu'auparavant ; leur figure rouge et pointue exprimait leur dépit. Les pivoines avaient la tête toute gonflée. Quelle chance pour la pauvre pâquerette qu'elles ne pussent parler ! Elles lui auraient dit bien des choses désagréables. La petite fleur s'en aperçut et s'attrista de leur mauvaise humeur.

Quelques moments après, une jeune fille armée d'un grand couteau affilé et brillant entra dans le jardin, s'approcha des tulipes et les coupa l'une après l'autre.

« Quel malheur ! dit la petite pâquerette en soupirant ; voilà qui est affreux ; c'en est fait d'elles. »

Et pendant que la jeune fille emportait les tulipes, la pâquerette se réjouissait de n'être qu'une pauvre petite fleur dans l'herbe. Appréciant la bonté de Dieu, et pleine de reconnaissance, elle referma ses feuilles au déclin du jour, s'endormit et rêva toute la nuit au soleil et au petit oiseau.

Le lendemain matin, lorsque la pâquerette eut rouvert ses feuilles à l'air et à la lumière, elle reconnut la voix de l'oiseau, mais son chant était tout triste. La pauvre allouette avait de bonnes raisons pour s'affliger: on l'avait prise et enfermée dans une cage suspendue à une croisée ouverte. Elle chantait le bonheur de la liberté, la beauté des champs verdoyants et ses anciens voyages à travers les airs.

La petite pâquerette aurait bien voulu lui venir en aide: mais comment faire? C'était chose difficile. La compassion qu'elle éprouvait pour le pauvre oiseau captif lui fit tout à fait oublier les beautés qui l'entouraient, la douce chaleur du soleil et la blancheur éclatante de ses propres feuilles.

Bientôt deux petits garçons entrèrent dans le jardin; le plus grand portait à la main un couteau long et affilé comme celui de la jeune fille qui avait coupé les tulipes. Ils se dirigèrent vers la pâquerette, qui ne pouvait comprendre ce qu'ils voulaient.

« Ici nous pouvons enlever un beau morceau de gazon pour l'alouette, dit l'un des garçons, et il commença à tailler un carré profond autour de la petite fleur.

— Arrache la fleur ! » dit l'autre.

A ces mots, la pâquerette trembla d'effroi. Être arrachée, c'était perdre la vie ; et jamais elle n'avait tant béni l'existence qu'en ce moment où elle espérait entrer avec le gazon dans la cage de l'alouette prisonnière.

« Non, laissons-la, répondit le plus grand ; elle est très-bien placée. »

Elle fut donc épargnée et entra dans la cage de l'alouette.

Le pauvre oiseau, se plaignant amèrement de sa captivité, frappait de ses ailes le fil de fer de la cage. La petite pâquerette ne pouvait, malgré tout son désir, lui faire entendre une parole de consolation.

Ainsi se passa la matinée.

« Il n'y a plus d'eau ici, s'écria le prisonnier ; tout le monde est sorti sans me laisser une goutte d'eau. Mon gosier est sec et brûlant, j'ai une fièvre terrible, j'étouffe ! Hélas ! il faut donc que je meure, loin du soleil brillant, loin de la fraîche verdure et de toutes les magnificences de la création ! »

Puis il enfonça son bec dans le gazon humide pour se rafraîchir un peu. Son regard tomba sur la petite pâquerette ; il lui fit un signe de tête

amical. et dit en l'embrassant : « Toi aussi, pauvre petite fleur, tu périras ici ! En échange du
monde que j'avais à ma disposition, l'on m'a donné
quelques brins d'herbe et toi seule pour société.
Chaque brin d'herbe doit être pour moi un arbre; chacune de tes feuilles blanches. une fleur
odoriférante Ah! tu me rapelles tout ce que j'ai
perdu !

— Si je pouvais le consoler? » pensait la pâquerette, incapable de faire le moindre mouvement.

Cependant le parfum qu'elle exhalait devint
plus fort qu'à l'ordinaire; l'oiseau s'en aperçut.
et quoiqu'il languît d'une soif dévorante qui lui
faisait arracher tous les brins d'herbe l'un après
l'autre, il eut bien garde de toucher à la fleur.

Le soir arriva; personne n'était encore là pour
apporter une goutte d'eau à la malheureuse
alouette. Alors elle étendit ses belles ailes en les
secouant convulsivement, et fit entendre une petite chanson mélancolique. Sa petite tête s'inclina
vers la fleur, et son cœur brisé de désir et de
douleur cessa de battre. A ce triste spectacle, la
petite pâquerette ne put, comme la veille. refermer ses feuilles pour dormir; malade de tristesse, elle se pencha vers la terre.

Les petits garçons ne revinrent que le lendemain. A la vue de l'oiseau mort, ils versèrent des

larmes et lui creusèrent une fosse. Le corps, enfermé dans une jolie boîte rouge, fut enterré royalement, et sur la tombe recouverte ils semèrent des feuilles de roses.

Pauvre oiseau ! pendant qu'il vivait et chantait, on l'avait oublié dans sa cage et laissé mourir de misère ; après sa mort, on le pleurait et on lui prodiguait des honneurs.

Le gazon et la pâquerette furent jetés dans la poussière sur la grande route ; personne ne pensa à celle qui avait si tendrement aimé le petit oiseau.

UNE SEMAINE DU PETIT ELFE
FERME-L'ŒIL.

Il n'y a personne au monde qui sache raconter autant d'histoires que Ferme-l'Œil. En voilà un qui raconte bien ! Vers le soir, lorsque les enfants sont assis tranquillement à la table ou sur leur petit banc, arrive Ferme-l'Œil. On l'entend à peine monter l'escalier, parce qu'il a des pantoufles : il ouvre tout doucement la porte, et psitt ! il lance du lait dans les yeux des enfants avec une merveilleuse délicatesse, et cependant toujours en assez grande quantité pour qu'ils ne puissent pas tenir leurs yeux ouverts et, par conséquent, l'apercevoir. Il se glisse derrière eux, leur souffle dans le cou, ce qui leur rend la tête lourde.... oui, mais cela ne leur fait pas de mal, car le petit Ferme-l'Œil a de bonnes intentions pour les enfants : il veut seulement qu'ils soient tranquilles, et d'ordinaire ils ne le sont que quand ils dorment.

Il veut qu'ils soient bien tranquilles pour qu'il puisse leur raconter ses petites histoires.

Dès que les enfants sont endormis, Ferme-l'OEil s'assied sur leur lit. C'est qu'il est joliment vêtu : il porte un habit de soie, mais d'une couleur qu'il est impossible de dire. Il a des reflets verts, rou·ges et bleus, suivant le côté où il se tourne. Sous chaque bras il tient un parapluie : il en ouvre un, qui est orné de belles images, au-dessus des enfants aimables, et alors ils rêvent toute la nuit les plus charmantes histoires. L'autre parapluie, qui est tout uni, il le déploie sur la tête des enfants méchants, qui dorment alors d'une manière stupide; et le lendemain, quand ils se réveillent, ils n'ont rêvé de rien du tout.

Nous allons entendre maintenant comment Ferme-l'OEil vint tous les soirs, pendant toute une semaine, visiter un petit garçon qui s'appelait Hialmar : voici les sept histoires qu'il lui conta, puisqu'il y a sept jours dans la semaine.

Lundi.

« Écoute un peu, dit Ferme-l'OEil le soir, après avoir fait coucher Hialmar ; je vais faire ma besogne. »

Et alors toutes les fleurs dans leurs pots devinrent de grands arbres qui étendaient leurs
longues branches jusque sur' le tapis et le long
des murs, si bien que toute la chambre avait l'air
d'un magnifique bosquet; et toutes les branches
étaient couvertes de fleurs, et chaque fleur était plus
belle qu'une rose. Elles exahalaient un parfum
délicieux, et, si on avait voulu les manger, on leur
aurait trouvé un goût plus exquis que celui des
confitures. Les fruits brillaient comme de l'or, et
il y avait aussi sur les branches des gâteaux tout
remplis de raisins. C'était d'une beauté incomparable; mais en même temps des plaintes affreuses
sortirent du tiroir qui renfermait les livres de
Hialmar.

« Qu'est-ce donc? » dit Ferme-l'OEil; et il courut à la table et ouvrit le tiroir. Quelque chose
s'agitait et se remuait d'une manière terrible sur
l'ardoise. C'était un chiffre faux qui se trouvait
dans l'opération, en sorte qu'elle avait l'air de
vouloir se disloquer.

Le crayon sauta avec la ficelle qui le retenait,
comme s'il eût été un petit chien et qu'il eût
voulu rajuster l'opération; mais il ne le pouvait
pas.

En même temps des cris lamentables se firent
entendre dans le cahier d'écriture de Hialmar.
Oh! comme c'était affreux! De haut en bas, sur

chaque page, de grandes lettres se montraient,
chacune avec une petite à son côté : elles avaient
servi comme modèles, et auprès d'elles étaient
d'autres petites lettres qui croyaient avoir une
mine aussi présentable, et qui avaient été tracées
par Hialmar ; mais elles étaient couchées comme
si on les avait fait tomber sur la ligne où elles
devaient se tenir debout.

« Voyons, tenez-vous ainsi, dit le modèle, ainsi
obliquement, et prenez-moi un mouvement vigoureux.

— Nous le voudrions bien, dirent les lettres de
Hialmar ; mais nous ne le pouvons pas, tant nous
sommes malades !

— En ce cas, on vous administrera un remède.

— Oh non ! » s'écrièrent-elles en se redressant
si vivement que c'était charmant à voir.

Pour le moment, je n'ai pas le temps de raconter. des histoires, dit Ferme-l'Œil : il faut que
j'exerce ces gaillardes-là. Une, deux ! une, deux ! »
Et il exerçait ainsi les lettres, qui finirent par
prendre une position aussi droite et aussi gracieuse que celles du modèle même.

Ferme-l'Œil partit ; mais lorsque Hialmar les
examina le lendemain, elles étaient aussi malades
qu'auparavant.

Mardi.

Dès que Hialmar fut dans son lit, Ferme-l'OEil toucha de sa petite seringue enchantée tous les meubles de la chambre, et tous aussitôt se mirent à babiller, et chacun parla de lui-même. Le cra- choir seul restait là stupidement, et furieux de ce que les autres avaient assez de vanité pour ne parler que d'eux-mêmes, pour ne penser qu'à eux- mêmes, sans faire la moindre attention à lui, qui se tenait modestement dans un coin pour recueil- lir les crachats.

Au-dessus de la commode était suspendu un grand tableau dans un cadre doré, qui représen- tait un paysage. On y voyait de vieux arbres énormes, des fleurs dans l'herbe, et une large rivière qui, tournant autour de la forêt, passait devant plusieurs châteaux et ensuite allait se per- dre dans la mer irritée.

Ferme-l'OEil toucha de sa seringue le tableau, et tout à coup les oiseaux commencèrent à chan- ter, les branches à s'agiter, et les nuages conti- nuèrent leur course : on pouvait même voir leur ombre s'avancer et couvrir le paysage.

Alors Ferme-l'OEil éleva le petit Hialmar jus- qu'au cadre : il posa les pieds de l'enfant sur le tableau, au milieu de l'herbe haute, et l'enfant resta là.

Le soleil jetait sur lui ses rayons à travers les branches des arbres. Il courut à l'eau et s'assit dans un petit bateau qui s'y balançait, et qui était peint en rouge mêlé de blanc. Les voiles brillaient comme de l'argent ; et une demi-douzaine de cygnes, portant des couronnes d'or autour de leur cou et une étoile bleue étincelante sur leur tête, tirèrent le bateau et l'amenèrent devant la verte forêt, où les arbres racontaient des histoires de brigands et de sorciers, et les fleurs, des aventures de charmants petits elfes et les belles paroles que leur avaient murmurées les papillons.

Des poissons magnifiques, couverts d'écails d'or et d'argent, suivaient le bateau : de temps en temps ils sautaient, et l'eau rejaillissait avec bruit, et derrière eux volaient deux troupeaux d'oiseaux, rouges et bleus, grands et petits. Les cousins dansaient, les hannetons bourdonnaient, tous voulaient accompagner Hialmar, et tous avaient des histoires à raconter.

En voilà une partie de plaisir ! Tantôt les forêts étaient touffues et sombres, tantôt elles ressemblaient à un jardin superbe rempli de fleurs et éclairé par le soleil. Çà et là se montraient de grands châteaux de verre et de marbre ; les princesses se penchaient aux balcons, et toutes étaient des petites filles de la connaissance de Hialmar, avec lesquelles il avait joué bien souvent.

Chacune étendait la main et présentait au voyageur un petit gâteau fait en cœur, et d'un sucre si raffiné que jamais marchande n'en avait vendu de pareil. Hialmar saisit le côté d'un cœur en passant ; mais la princesse serrait les doigts si bien qu'ils eurent chacun pour leur part un morceau, elle le plus petit, lui le plus gros.

A la porte de chaque château les princes montaient la garde ; ils le saluèrent de leur sabre d'or et lui jetèrent des raisins et des soldats de plomb.

On voyait bien par là qu'ils étaient de véritables princes.

Ainsi naviguait Hialmar, tantôt à travers des forêts, tantôt à travers de grands salons, tantôt au milieu d'une ville. Il se trouva qu'il passa par celle où demeurait la bonne qui l'avait toujours tant aimée ; elle le salua et lui fit des signes de tête, et chanta ces jolis vers qu'elle avait faits elle-même et qu'elle avait envoyés à Hialmar.

> Le long du jour je pense à toi souvent,
>   La nuit aussi, mon cher petit enfant.
> Que de baisers, Hialmar, j'ai donnés à ta bouche.
> A tes yeux, à tes bras, endormi sur ta couche !
> Tu bégayas pour moi ta première parole !
> Un jour, il a fallu pourtant te dire adieu....
> Va donc ! Que le seigneur te bénisse en tout lieu,
>   Petit ange lutin, dont je suis toujours folle.

Et tous les oiseaux l'accompagnaient ; les fleurs dansaient sur leurs tiges, et les vieux arbres inclinaient la tête, absolument comme si le petit elfe Ferme-l'OEil leur racontait aussi des histoires.

Mercredi.

Comme la pluie tombait à verse ! Hialmar l'entendit en dormant, et lorsque Ferme-l'OEil ouvrit une fenêtre, l'eau était montée jusqu'à l'appui. Au dehors tout n'était qu'un grand lac ; près de la maison se tenait amarré un navire superbe.

« Veux-tu venir avec moi, petit Hialmar ? dit Ferme-l'OEil ; tu pourras cette nuit arriver dans des pays étrangers, et être de retour ici demain. »

Tout à coup Hialmar, avec sa grande tenue du dimanche, se trouva au milieu du navire ; aussitôt le temps devint beau et ils traversèrent les rues, tournèrent l'église et avancèrent dans un grand lac. Ils marchèrent longtemps, jusqu'à ce qu'ils eussent perdu la terre de vue, et ils aperçurent une troupe de cigognes qui quittaient aussi leur domicile pour aller dans les pays chauds.

Elles volaient toujours l'une derrière l'autre, et elles avaient déjà fait bien du chemin. Il y en avait une si fatiguée que ses ailes ne pouvaient plus la porter : c'était la dernière de la bande, et bientôt elle resta à une grande distance en arrière. A la fin elle descendit les ailes étendues, et son vol baissait de plus en plus : elle fit encore quelques efforts, mais inutilement. Ses pieds touchèrent bientôt les cordages du navire : elle glissa en bas des voiles, et boum ! se trouva sur le pont.

Le mousse la prit et la mit dans le poulailler, parmi les poulets, les canards et les dindons. La pauvre cigogne était tout interdite de se trouver au milieu d'eux.

« En voilà une gaillarde ! » dirent les poulets.

Et le coq d'Inde se gonfla autant qu'il put et demanda qui elle était. Et les canards marchaient en reculant et en se gourmant. « Qu'est-ce que c'est que ça ? qu'est-ce que c'est que ça ? »

Et la cigogne leur parla de l'Afrique brûlante, des pyramides, de l'autruche qui, semblable à un cheval sauvage, parcourt le désert. Mais les canards ne comprirent point et se gourmèrent de plus belle.

« Nous sommes probablement tous d'accord ; c'est-à-dire qu'elle est stupide !

— Sans doute, elle est extraordinairement stupide ! » dit le coq d'Inde ; et il se mit à se rengorger, en criant : Glou-ou-ou !

Alors la cigogne se tut et pensa à son Afrique.

« Vous avez là de magnifiques jambes minces ! dit le dindon. Combien les avez-vous payées l'aune ?

— Khouan, khouan-scrak, firent les canards en ricanant; mais la cigogne avait l'air de n'y pas faire attention.

— Pourquoi ne ris-tu pas avec nous? dit le dindon. Est-ce que ma question ne te semble pas spirituelle? Peut-être elle est au-dessus de ton intelligence. Hélas! quel esprit borné! Allons, laissons-la, et soyons intéressants pour nous-mêmes seulement. »

Là-dessus il fit glou-glou-ou, et les canards firent khouan, khouan.

C'était effrayant comme ils s'amusaient! Hialmar alla au poulailler, ouvrit la porte et appela la cigogne, qui sauta vers lui sur le pont. Elle s'était reposée malgré tout, et elle eut l'air de faire des signes à Hialmar pour le remercier. Puis elle déploya ses ailes et s'envola vers les pays chauds.

Les poules gloussèrent, et les canards babillèrent en leur langage, et la crête du coq d'Inde devint rouge comme du feu.

« Demain nous ferons une bonne soupe avec vous autres! » dit Hialmar; et il se réveilla tout étonné de se trouver dans son petit lit. Quel étrange voyage le petit elfe Ferme-l'Œil lui avait fait faire cette nuit-là!

Jeudi.

« Écoute un peu, dit Ferme-l'OEil, et n'aie pas peur ; je vais te montrer une petite souris ; » et alors il lui montra une gracieuse petite bête qu'il tenait dans sa main. « Elle est venue pour t'inviter à la noce ; deux petites souris vont se marier cette nuit ; elles demeurent sous la marche de la fenêtre de la salle à manger, et elles ont là une très-belle habitation.

— Mais comment pourrai-je y entrer par un si petit trou ?

— Laisse-moi faire, dit Ferme-l'OEil, je te rendrai assez mince pour passer. »

Et il toucha Hialmar de sa seringue enchantée ; et alors sa taille commença à diminuer, et continua si bien à s'amoindrir qu'il n'était pas à la fin aussi haut qu'un doigt.

« Emprunte maintenant les habits d'un de tes soldats de plomb. Tu en trouveras bien qui t'iront : c'est très-joli de porter un uniforme quand on est en société.

— Certainement, dit Hialmar ; et bientôt il fut habillé comme un joli petit soldat de plomb.

— Voulez-vous avoir la bonté de vous asseoir dans le dé de votre mère, dit la petite souris, et j'aurai l'honneur de vous traîner ?

— Comment, mademoiselle, vous vous donnerez cette peine? »

Et ils arrivèrent ainsi à la noce des souris.

Ils traversèrent d'abord sous la marche une longue allée qui était juste assez haute pour les laisser passer. Toute cette allée était illuminée avec du bois pourri qui brillait comme du phosphore.

« Ne trouvez-vous pas que cela sent bon ici? dit la souris qui le traînait. Toute l'allée vient d'être frottée avec du lard. Oh! que tout cela est beau! »

Puis ils entrèrent dans le salon. A droite se tenaient toutes les dames souris; elles murmuraient et chuchotaient comme si chacune se moquait de sa voisine; à gauche étaient les messieurs, qui se caressaient la moustache avec leur patte. Au milieu du salon se trouvaient les futurs époux : ils étaient debout dans une croûte de fromage creusée, et ils s'embrassaient d'une manière effrayante devant tout le monde; mais enfin ils étaient fiancés, et le moment définitif approchait.

Il arrivait toujours de nouveaux invités : la foule était si grande qu'une souris risquait d'écraser l'autre; les fiancés s'étaient placés au milieu de la porte, de façon qu'il était tout aussi impossible d'entrer que de sortir. La chambre, aussi bien que l'allée, avait été frottée de lard, et cette agréable

odeur tenait lieu de rafraîchissements. En guise
de dessert, on montrait un pois vert dans lequel
une souris avait découpé avec ses dents les initiales des futurs époux. On n'avait jamais rien vu de
si magnifique.

Toutes les souris déclaraient que cette noce
était une des plus belles qu'on pût voir, et que
la conversation s'était fait remarquer par son bon
ton, sa variété et sa délicatesse.

Hialmar retourna chez lui dans l'équipage qui
l'avait amené. Il était heureux d'avoir été dans
une société si distinguée; mais aussi il avait été
obligé de se réduire à sa plus simple expression,
de s'amincir extraordinairement et de revêtir l'u-
niforme d'un de ses soldats de plomb.

Vendredi.

« C'est incroyable comme il y a des gens âgés
qui voudraient bien me recevoir souvent! dit
Ferme-l'OEil. Ce sont surtout ceux qui ont fait
quelque chose de mal. « Petit chéri, » me disent-
ils quand ils ne peuvent dormir, « nous ne pou-
« vons fermer les paupières, et nous passons toute
« la nuit en ayant devant nous nos mauvaises ac-
« tions qui, sous la forme de vilains petits sor-
« ciers, sont assis sur le lit et nous lancent de
« l'eau brûlante. Si tu voulais venir pour les chas-

« ser et nous procurer un bon sommeil! disent-
« ils en soupirant profondément, nous te le paye-
« rions bien. Bonsoir, Ferme-l'Œil, l'argent est
« tout compté, près de la fenêtre. » Mais je ne fais
rien pour de l'argent, ajouta le petit elfe.

— Qu'allons-nous faire cette nuit? demanda
Hialmar.

— Si tu en as envie, nous irons à une autre
noce, bien différente de celle d'hier. Le grand
joujou de ta sœur, qui ressemble à un homme et
qu'on appelle Hermann, va se marier avec la poupée Berthe; en outre, c'est la fête de la poupée,
et ils vont recevoir de bien heureux cadeaux.

— Ah! je connais cela, dit Hialmar. Toutes les
fois que les poupées ont besoin d'habits neufs, ma
sœur dit que c'est leur fête ou qu'elles vont se
marier. C'est bien la centième fois que cela se
fait.

— Eh bien! ce sera la cent et unième noce ce
soir, et après, il n'y aura plus rien. Aussi sera-
t-elle extraordinairement belle. Regarde un peu. »

Et Hialmar dirigea ses yeux vers la table. La
petite maison de carton était tout illuminée, et en
dehors les soldats de plomb présentaient les armes. Les fiancés étaient assis tout pensifs — et ils
avaient leurs raisons pour cela — sur le plancher,
et s'appuyaient sur le pied de la table. Ferme-
l'Œil, vêtu de la robe noire de la grand'mère, les

maria. Lorsque le mariage fut fini, tous les meubles de la chambre entonnèrent une jolie chanson, composée par un crayon, sur l'air de la retraite.

Puis les fiancés reçurent leurs cadeaux; seulement ils refusèrent toute espèce de comestibles, car leur amour leur suffisait.

« Allons-nous choisir une habitation d'été ou allons-nous voyager? » demanda l'époux.

On consulta là-dessus l'hirondelle, cette vieille voyageuse, et la vieille poule, qui avait cinq fois déjà amené à bien ses œufs. L'hirondelle parla des pays chauds et magnifiques, où les raisins sont énormes, où l'air est si doux, où les montagnes sont de toutes les couleurs, comme on n'en voit jamais ici.

« Pourtant, dans ce pays-là, il n'y a pas de choux rouges comme ici, dit la poule. J'ai habité la campagne avec mes petits pendant tout un été. Là il y avait une sablière où nous nous promenions et où nous pouvions gratter tout à notre aise: nous étions admis dans un jardin renfermant beaucoup de choux rouges. Comme tout cela était magnifique ! Je ne puis rien me figurer de plus beau !

— Cependant tous les jours se ressemblent, dit l'hirondelle, et il fait ici bien mauvais temps.

— On y est habitué, répliqua la poule.

— Mais le plus souvent il fait très-froid et il gèle.

— Cela fait du bien aux choux, reprit la poule. Du reste il a fait chaud ici. N'avons-nous pas eu, il y a quatre ans, un été qui a duré cinq semaines? Il faisait tellement chaud qu'on ne pouvait plus respirer. Ensuite, ici nous n'avons pas tous les animaux venimeux qui sont dans les autres pays. Nous y entendons rarement parler de brigands. Celui qui ne trouve pas que notre pays est le plus beau est un scélérat qui ne mérite pas de l'habiter. » Elle continua en pleurant : « Moi aussi j'ai voyagé, j'ai passé une colline qui avait plus de douze lieues ; mais il n'y a certes pas de plaisir à voyager.

— Oui, la poule est une femme raisonnable, dit la poupée Berthe. Je n'y tiens pas du tout, à voir les montagnes : cela ne sert qu'à monter et à descendre. Non, nous irons plutôt nous établir dans la sablière, en dehors des portes de la ville, et nous nous promènerons dans le jardin aux choux. »

Il en fut ainsi.

Samedi.

« Allez-vous me raconter des histoires? dit le petit Hialmar dès que le petit Ferme-l'Œil l'eut endormi.

— Nous n'aurons pas le temps ce soir, répondit le petit elfe en dépliant au-dessus de lui son magnifique parapluie. Regarde un peu ces Chinois. »

Tout le parapluie ressemblait à une grande coupe chinoise couverte d'arbres bleus et de ponts

pointus, fourmillant de petits Chinois qui hochaient la tête.

« Il faut que nous arrangions tout bien gentiment pour demain, car c'est dimanche. Je vais me rendre dans les tours de l'église, pour voir si les petits farfadets polissent les cloches pour leur donner un son agréable : ensuite je vais aller dans les champs, pour voir si le vent enlève la poussière de l'herbe et des feuilles. Enfin, ce qui est le plus difficile, je vais aller chercher toutes les étoiles pour les faire briller. Je les pose dans mon tablier; mais il faut d'abord que chacune d'elles soit numérotée et que les trous où elles sont fixées soient aussi numérotés. Sans cela, je pourrais me tromper de place et mal les attacher. Nous aurions alors trop d'étoiles filantes; car elles fileraient l'une après l'autre.

Écoutez un peu, monsieur Ferme-l'Œil, dit un vieux portrait suspendu au mur qui touchait le lit de Hialmar, je suis le bisaïeul de Hialmar; je vous remercie de raconter des histoires à mon garçon, mais n'allez pas lui tourner la tête. Comment voulez-vous descendre les étoiles pour les polir? Les étoiles sont des globes comme notre terre, et c'est là précisément ce qu'elles ont de bon.

— Je te remercie, vieux bisaïeul, dit Ferme-l'Œil. Tu es le chef de la famille, c'est possible; mais moi, je suis plus vieux que toi: je suis un vieux païen. Les Romains et les Grecs m'appelaient le dieu des songes. J'ai toujours été reçu dans les meilleures maisons, et j'y vais encore. Je sais très-bien m'y prendre avec les petits comme avec les grands. Du reste, raconte maintenant toi-même. »

Et Ferme-l'OEil prit son parapluie et s'en alla.

« Voyez donc ! voyez donc ! maintenant il n'est plus permis de dire son opinion, » dit en grognant le vieux portrait.

Hialmar se réveilla.

Dimanche.

« Bonsoir ! » dit Ferme-l'OEil.

Hialmar le salua, puis il courut au mur et tourna le portrait de son bisaïeul, pour qu'il ne se mêlât point comme la veille à la conversation.

« Tu peux maintenant raconter tes histoires. Raconte-moi les cinq petits pois qui habitaient une cosse, et la grosse aiguille qui se croyait aussi fine qu'une aiguille à broder.

— Non, il ne faut pas abuser : le bien même peut fatiguer, dit Ferme-l'OEil. Tu sais bien que j'aime beaucoup à te montrer du nouveau : ce ce soir je vais te montrer mon frère. Il s'appelle comme moi Ferme-l'OEil ; mais il ne rend jamais qu'une seule visite à une personne. Il emmène sur son cheval celui qu'il a visité et lui raconte des histoires. Il n'en connaît que deux : l'une est si admirablement jolie que personne au monde ne peut s'en faire une idée. L'autre est si vilaine et si terrible que c'est incroyable. »

Et alors Ferme-l'OEil leva le petit Hialmar jus-

qu'à la fenêtre et dit : « Là, tu verras mon frère,
l'autre Ferme-l'OEil ; on l'appelle aussi la Mort.
Vois-tu ? Il n'est pas aussi laid qu'on le représente
dans les livres d'images où il n'est qu'un sque-
lette. Non, il a des broderies d'argent sur son habit, il porte un bel uniforme de hussard, un manteau de velours noir flotte derrière lui sur son
cheval. Regarde comme il avance au grand galop. »

Hialmar vit comment le frère de Ferme-l'OEil
s'avançait en faisant monter sur son cheval une
quantité de personnes, jeunes et vieilles ; il en
plaça quelques-unes devant lui, d'autres derrière ;
mais il commençait toujours par leur dire :
« Voyons votre cahier ! vos notes, quelles sont-
elles ?

— Très-bonnes, répondirent toutes les personnes.

— Je veux voir moi-même, » dit-il.

Et alors elles furent obligées de lui montrer
leurs notes. Et tous ceux qui avaient *bien* ou *très-
bien* furent placés sur le devant du cheval, et ils
entendirent les histoires les plus admirables.
Mais ceux qui avaient *passable* ou *mal* montèrent
sur le derrière et furent forcés d'écouter les histoires les plus horribles. Ils tremblaient et pleuraient, et voulaient sauter en bas du cheval ;
mais ils ne pouvaient pas, car ils y étaient comme
attachés.

« Cependant, Ferme-l'OEil, ton frère la Mort me paraît magnifique ; je n'ai pas peur de lui.

— Et tu as bien raison, dit le petit elfe : seulement tâche d'avoir toujours de bonnes notes sur ton cahier.

— Voilà qui est instructif! murmura le portrait du bisaïeul. Il est donc quelquefois utile de dire franchement son opinion. » Et il parut satisfait.

Telle est l'histoire du petit elfe Ferme-l'OEil, cher petit lecteur ; s'il revient ce soir, il t'en racontera davantage.

LA PETITE POUCETTE.

Une femme désirait beaucoup avoir un petit enfant; mais, ne sachant comment y parvenir, elle alla trouver une vieille sorcière et lui dit : « Je voudrais avoir un petit enfant; dis-moi ce qu'il faut faire pour cela.

— Ce n'est pas bien difficile, répondit la sorcière; voici un grain d'orge qui n'est pas de la nature de celle qui croît dans les champs du paysan ou que mangent les poules. Mets-le dans un pot de fleurs, et tu verras.

— Merci, » dit la femme, en donnant douze sous à la sorcière. Puis elle rentra chez elle, et planta le grain d'orge.

Bientôt elle vit sortir de la terre une grande belle fleur ressemblant à une tulipe, mais encore en bouton.

« Quelle jolie fleur! » dit la femme en déposant un baiser sur ces feuilles rouges et jaunes: et au même instant la fleur s'ouvrit avec un grand bruit. On voyait maintenant que c'était une vraie tulipe; mais dans l'intérieur, sur le fond vert, était assise une toute petite fille, fine et charmante, haute d'un pouce tout au plus. Aussi on l'appela la petite Poucette.

Elle reçut pour berceau une coque de noix bien vernie; pour matelas des feuilles de violette: et pour couverture une feuille de rose. Elle y dormait pendant la nuit; mais le jour elle jouait sur la table, où la femme plaçait une assiette remplie d'eau entourée d'une guirlande de fleurs. Dans cette assiette nageait une grande feuille de tulipe sur laquelle la petite Poucette pouvait s'asseoir et voguer d'un bord à l'autre, à l'aide de deux crins blancs de cheval qui lui servaient de rames. Elle offrait ainsi un spectacle charmant; et puis elle savait chanter d'une voix si douce et si mélodieuse, qu'on n'en avait jamais entendu de semblable.

Une nuit, pendant qu'elle dormait, un vilain crapaud entra dans la chambre par un carreau brisé. Cet affreux animal, énorme et tout humide, sauta sur la table où dormait Poucette, recouverte de sa feuille de rose.

« Quelle jolie femme pour mon fils! » dit le crapaud.

Il prit la coque de noix et, sortant par le même carreau, il emporta la petite dans le jardin.

Là coulait un large ruisseau dont l'un des bords touchait à un marais. C'était dans ce marais qu'habitait le crapaud avec son fils. Sale et hideux, ce dernier ressemblait tout à fait à son père. « Coac! coac! brekke-ke-kex! s'écria-t-il en apercevant la charmante petite fille dans la coque de noix.

— Ne parle pas si haut! tu la réveillerais, dit le vieux crapaud. Elle pourrait encore nous échapper, car elle est légère comme le duvet du cygne. Nous allons la placer sur une large feuille de bardane au milieu du ruisseau. Elle sera là comme dans une île, et ne pourra plus se sauver. Pendant ce temps, nous préparerons, au fond du marais, la grande chambre qui vous servira de demeure. »

Puis le crapaud sauta dans l'eau pour choisir une grande feuille de bardane, retenue au bord par la tige, et il y plaça la coque de noix où dormait la petite Poucette.

Lorsque la pauvre petite, en s'éveillant le lendemain matin, vit où elle était, elle se mit à pleurer amèrement; car l'eau l'entourait de tous côtés, et elle ne pouvait plus retourner à terre.

Le vieux crapaud, après avoir orné la chambre au fond du marais avec des roseaux et de petites fleurs jaunes, nagea en compagnie de son fils vers la petite feuille où se trouvait Poucette, pour prendre le gentil petit lit et le transporter dans la chambre. Il s'inclina profondément dans l'eau devant elle en disant : « Je te présente mon fils, ton futur époux. Je vous prépare une demeure magnifique au fond du marais.

— Coac! coac! brekke-ke-kex! » ajouta le fils.

Ensuite ils prirent le lit et s'éloignèrent, pendant que la petite Poucette, seule sur la feuille verte, pleurait de chagrin en pensant au vilain crapaud, et au mariage dont elle était menacée avec son hideux fils.

Les petits poissons avaient entendu ce que disait le crapaud, et cela leur donna envie de voir la petite fille. Au premier coup d'œil, ils la trouvèrent si gentille, qu'ils l'estimèrent bien malheureuse d'épouser le vilain crapaud. Ce mariage ne devait jamais avoir lieu! Ils se rassemblèrent autour de la tige qui retenait la feuille, la coupèrent avec leurs dents, et la feuille emporta alors la petite si loin sur la rivière, que les crapauds ne purent plus l'atteindre.

Poucette passa devant bien des endroits, et les oiseaux des buissons chantaient en la voyant : « Quelle charmante petite demoiselle! » La feuille, flottant toujours plus loin, plus loin, lui fit faire un véritable voyage.

Chemin faisant, un joli papillon blanc se mit à voltiger autour d'elle et finit par se poser sur la feuille, ne pouvant admirer assez la jeune fille.

Poucette, bien contente d'avoir échappé au vilain crapaud, se réjouissait de toute la magnificence de la nature et de l'aspect de l'eau, que le soleil faisait briller comme de l'or. Elle prit sa ceinture, et, après en avoir attaché un bout au papillon, l'autre à la feuille, elle avança plus rapidement encore.

Tout à coup un grand hanneton vint à passer, et, l'ayant aperçue, il entoura son corps délicat de ses pattes et s'envola avec elle dans un arbre. Quant à la feuille verte, elle continua à descendre la rivière avec le papillon, qui ne pouvait s'en détacher.

Dieu sait quelle fut la frayeur de la pauvre petite Poucette quand le hanneton l'emporta dans l'arbre! Cependant elle plaignait surtout le beau papillon blanc qu'elle avait attaché à la feuille, et qui mourrait de faim, s'il ne parvenait pas à s'en défaire. Mais le hanneton ne se souciait pas de tout cela ; il la fit asseoir sur la plus grande feuille de l'arbre, la régala du suc des fleurs, et quoiqu'elle ne ressemblât nullement à un hanneton, il lui fit mille compliments de sa beauté.

Bientôt tous les autres hannetons habitant le même arbre vinrent lui rendre visite. Les demoi-

selles hannetons, en la voyant, remuèrent leurs antennes et dirent :

« Quelle misère ! elle n'a que deux jambes.

— Et pas d'antennes, ajouta une d'elles; elle

est maigre, svelte, elle ressemble à un homme.
Oh! quelle est laide! »

Cependant la petite Poucette était charmante;
mais, quoique le hanneton qui l'avait enlevée la
trouvât belle, en entendant les autres, il finit par
la croire laide et ne voulut plus d'elle. On la fit
donc descendre de l'arbre, et on la posa sur une
pâquerette en lui rendant sa liberté.

La petite se mit à pleurer de ce que les hannetons l'avaient renvoyée à cause de sa laideur;
cependant elle était on ne peut plus ravissante.

La petite Poucette passa ainsi l'été toute seule
dans la grande forêt. Elle tressa un lit de paille
qu'elle suspendit au-dessous d'une feuille de bardane pour se garantir de la pluie. Elle se nour-
rissait du suc des fleurs et buvait la rosée qui
tombait le matin sur les feuilles.

Ainsi se passèrent l'été et l'automne; mais voici
l'hiver, le long hiver si rude qui arrive. Tous les
oiseaux qui l'avaient amusée par leur chant s'éloignèrent, les arbres furent dépouillés, les fleurs se
flétrirent, et la grande feuille de bardane sous laquelle elle demeurait se roula sur elle-même, ne
formant plus qu'une tige sèche et jaune.

La pauvre petite fille souffrit d'autant plus du
froid, que ses habits commençaient à tomber en
lambeaux. Bientôt arrivèrent les neiges, et chaque
flocon qui tombait sur elle lui produisait le

même effet que nous en produirait à nous toute une pelletée. Bien qu'elle s'enveloppât d'une feuille sèche, elle ne pouvait parvenir à se réchauffer; elle allait mourir de froid.

Près de la forêt se trouvait un grand champ de blé, mais on n'y voyait que le chaume hérissant la terre gelée. Ce fut pour la pauvre petite comme une nouvelle forêt à parcourir. Toute grelottante, elle arriva à la demeure d'une souris des champs. On y entrait par un petit trou, sous les pailles; la souris était bien logée, possédait une pièce pleine de grains, une belle cuisine et une salle à manger. La petite Poucette se présenta à la porte comme mendiante et demanda un grain d'orge, car elle n'avait rien mangé depuis deux jours.

« Pauvre petite! répondit la vieille souris des champs, qui, au fond, avait bon cœur, viens manger avec moi dans ma chambre; il y fait chaud. »

Puis elle se prit d'affection pour Poucette, et ajouta :

« Je te permets de passer l'hiver ici; mais à condition que tu tiennes ma chambre bien propre, et que tu me racontes quelques jolies histoires; je les adore. »

La petite fille accepta cette offre et n'eut pas à s'en plaindre.

« Nous allons recevoir une visite, dit un jour la vieille s   ris; mon voisin a l'habitude de venir

me voir une fois par semaine. Il est encore bien
plus à son aise que moi; il a de grands salons et
porte une magnifique pelisse de velours. S'il voulait t'épouser, tu serais bien heureuse, car il n'y
voit goutte. Raconte-lui tes plus belles histoires. »

Mais Poucette n'avait pas trop envie d'épouser
le voisin; ce n'était qu'une taupe. Couverte de sa
pelisse de velours noir, elle ne tarda pas à rendre
sa visite. La conversation roula sur ses richesses
et sur son instruction; mais la taupe parlait mal
des fleurs et du soleil, car elle ne les avait jamais
vus. La petite Poucette lui chanta plusieurs chansons, entre autres : « Hanneton, vole, vole, vole! »
et : « Quand le moine vient aux champs. » La
taupe, enchantée de sa belle voix, désira aussitôt
une union qui lui promettait tant d'agréments;
mais elle n'en dit pas un mot, car c'était une personne réfléchie.

Pour faire plaisir à ses voisines, elle leur permit de se promener à leur gré dans une grande
allée souterraine qu'elle venait de creuser entre
les deux habitations; mais elle les pria de ne pas
s'effrayer d'un oiseau mort qui se trouvait sur le
passage, et qu'on y avait enterré au commencement de l'hiver.

La première fois que ses voisines profitèrent de
cette aimable offre, la taupe les précéda dans ce
long et sombre corridor, tenant entre ses dents

un morceau de vieux bois, brillant de phosphore,
pour les éclairer. Arrivée à l'endroit où gisait
l'oiseau mort, elle enleva de son large museau
une partie de la terre du plafond, et fit ainsi un
trou par lequel la lumière pénétra. Au milieu du
corridor s'étendait par terre le corps d'une hirondelle, sans doute morte de faim, dont les ailes
étaient serrées aux côtés, la tête et les pieds cachés sous les plumes. Ce spectacle fit bien mal à
la petite Poucette; elle aimait tant les petits oiseaux qui, pendant tout l'été, l'avaient égayée de
leurs chants! Mais la taupe poussa l'hirondelle
de ses pattes et dit : « Elle ne sifflera plus! quel
malheur que de naître oiseau! Dieu merci, aucun
de mes enfants ne subira un sort aussi malheureux. Une telle créature n'a pour toute fortune
que son : *Quivit! quivit!* et l'hiver elle meurt de
faim.

— Vous parlez sagement! répondit la vieille
souris; le *quivit!* ne rapporte rien; c'est juste ce
qu'il faut pour périr dans la misère : cependant
il y en a qui se pavanent d'orgueil de savoir
chanter. »

Poucette ne dit rien; mais, lorsque les deux
autres eurent tourné le dos à l'oiseau, elle se
pencha vers lui, et, écartant les plumes qui couvraient sa tête, elle déposa un baiser sur ses yeux
fermés.

C'est peut-être le même qui chantait si gentiment pour moi cet été, pensa-t-elle ; pauvre petit oiseau, que je te plains ! »

La taupe, après avoir bouché le trou, reconduisit les dames chez elle. Ne pouvant dormir de
toute la nuit, la petite Poucette se leva et tressa
un joli tapis de foin qu'elle porta dans l'allée et
étendit sur l'oiseau mort. Puis elle lui mit de
chaque côté un tas de coton qu'elle avait trouvé
chez la souris, comme si elle craignait que la
fraîcheur de la terre ne fît mal au corps inanimé.

« Adieu, bel oiseau ! dit-elle, adieu ! Merci de ta
belle chanson qui me réjouissait tant pendant la
douce saison de l'été, où je pouvais admirer la
verdure et me réchauffer au soleil. »

A ces mots, elle appuya sa tête sur la poitrine
de l'hirondelle ; mais aussitôt elle se leva tout
effrayée, elle avait entendu un léger battement :
il provenait du cœur de l'oiseau, qui n'était pas
mort, mais seulement engourdi. La chaleur l'a-
vait rendu à la vie.

En automne, les hirondelles retournent aux
pays chauds, et si une d'elles s'attarde en route,
le froid la fait bientôt tomber à terre comme
morte, et la neige s'étend sur elle.

Poucette tremblait encore de frayeur ; compa-
rée à elle, dont la taille n'excédait pas un pouce,
l'hirondelle paraissait un géant. Cependant elle

prit courage, serra bien le coton autour du pauvre oiseau, alla chercher une feuille de menthe qui lui servait de couverture, et la lui posa sur la tête.

La nuit suivante, se rendant encore auprès du malade, elle le trouva vivant, mais si faible que ses yeux s'ouvrirent à peine un instant pour regarder la petite fille, qui tenait à la main, pour toute lumière, un morceau de vieux bois luisant.

« Je te remercie, charmante petite enfant, dit l'oiseau souffrant ; tu m'as bien réchauffé. Dans peu, je reprendrai toutes mes forces et je m'envolerai dans l'air, aux rayons du soleil.

—Hélas ! répondit Poucette, il fait froid dehors, il neige, il gèle ; reste dans ton lit. J'aurai soin de toi. »

Ensuite, elle lui apporta de l'eau dans une feuille de fleur. L'oiseau but et lui raconta comment, ayant déchiré une de ses ailes à un buisson d'épines, il n'avait pu suivre les autres aux pays chauds. Il avait fini par tomber à terre, et, de ce moment, il ne se rappelait plus rien de ce qui lui était arrivé.

Pendant tout l'hiver, à l'insu de la souris et de la taupe, la petite Poucette soigna ainsi l'hirondelle avec la plus grande affection. A l'arrivée du printemps, lorsque le soleil commença à réchauffer la terre, l'oiseau fit ses adieux à la petite

fille, qui rouvrit le trou pratiqué autrefois par la
taupe. L'hirondelle pria sa bienfaitrice de l'accompagner dans la forêt verte, assise sur son dos.
Mais Poucette savait que son départ causerait du
chagrin à la vieille souris des champs.

« Non, dit-elle, je ne le puis.

— Adieu donc, adieu, charmante petite enfant !»
répondit l'hirondelle en s'envolant au soleil. Poucette la regarda partir, les larmes aux yeux ; elle
aimait tant la gentille hirondelle ! « Quivit ! quivit ! » fit encore une fois l'oiseau, puis il disparut.

Le chagrin de Poucette fut d'autant plus grand,
qu'elle ne put plus sortir et se réchauffer au soleil. Le blé poussait sur la maison de la souris
des champs, formant déjà pour la pauvre petite
fille, haute d'un pouce, une véritable forêt.

« Cet été, tu travailleras à ton trousseau,
lui dit la souris, car l'ennuyeuse taupe à la
pelisse noire avait demandé la main de Poucette. Pour épouser la taupe, il faut que tu sois
convenablement pourvue de vêtements et de
linge. »

La petite fut obligée de prendre la quenouille,
et la souris des champs employa en outre à la
journée quatre araignées qui filaient sans relâche.
Tous les soirs, la taupe leur rendait visite et leur
parlait des ennuis de l'été, qui rend la terre brû-

lante et insupportable. Aussi la noce ne se ferait
qu'à la fin de la saison. En attendant, la petite
Poucette allait tous les jours, au lever et au coucher du soleil, à la porte, où elle regardait, à
travers les épis agités par le vent, l'azur du ciel,
en admirant la beauté de la nature et en pensant
à l'hirondelle chérie ; mais l'hirondelle était loin,
et ne reviendrait peut-être jamais.

L'automne arriva et Poucette avait achevé son
trousseau.

« Dans quatre semaines la noce ! » lui dit la
souris. Et la pauvre enfant pleura ; elle ne voulait pas épouser l'ennuyeuse taupe.

« Quelle bêtise ! s'écria la souris ; ne sois pas
entêtée, ou je te mordrai de ma dent blanche. Tu
devrais t'estimer bien heureuse d'épouser un aussi
bel homme, qui porte une pelisse de velours noir
dont la reine elle-même n'a pas la pareille. Tu
devrais remercier le bon Dieu de trouver une
cuisine et une cave si bien garnies. »

Le jour de la noce arriva.

La taupe se présenta pour emmener la petite
Poucette sous la terre, où elle ne verrait plus jamais le brillant soleil, attendu que son mari ne
pouvait pas le supporter. Chez la souris des
champs, il lui était au moins permis d'aller le regarder à la porte.

« Adieu, beau soleil ! dit-elle d'un air affligé,

en élevant ses bras. Adieu donc! puisque je suis
condamnée à vivre désormais dans ces tristes
lieux où l'on ne jouit pas de tes rayons. »

Puis elle fit quelques pas au dehors de la maison; car on avait moissonné le blé, il n'en restait
que le chaume.

« Adieu, adieu! dit-elle en embrassant une petite fleur rouge; si jamais tu vois l'hirondelle, tu
la salueras de ma part.

— Quivit! quivit! » entendit-elle crier au même
instant.

Elle leva la tête; c'était l'hirondelle qui passait
L'oiseau manifesta la plus grande joie en apercevant la petite Poucette; il descendit rapidement
en répétant ses joyeux quivit! et vint s'asseoir
auprès de sa petite bienfaitrice. Celle-ci lui raconta comment on voulait lui faire épouser la vilaine taupe qui restait sous la terre, où le soleil
ne pénétrait jamais. En faisant ce récit, elle versa
un torrent de larmes.

« L'hiver arrive, dit l'hirondelle, je retourne
aux pays chauds; veux-tu me suivre? Tu monte-
ras sur mon dos, et tu t'y attacheras par ta ceinture. Nous fuirons loin de ta vilaine taupe et de
sa demeure obscure, bien loin au delà des montagnes, où le soleil brille encore plus beau qu'ici,
où l'été et les fleurs sont éternels. Viens donc
avec moi, chère petite fille, toi qui m'as sauvé la

vie lorsque je gisais dans le sombre corridor. à
moitié morte de froid.

— Oui, je te suivrai ! » dit Poucette. Et elle s'assit sur le dos de l'oiseau et attacha sa ceinture à
une des plumes les plus solides ; puis elle fut em-
portée par-dessus la forêt et la mer et les hautes
montagnes couvertes de neige.

Poucette eut froid : mais elle se fourra sous les
plumes chaudes de l'oiseau, ne laissant passer
que sa petite tête pour admirer les beautés qui se
déroulaient au-dessous d'elle.

C'est ainsi qu'ils arrivèrent aux pays chauds. où
la vigne avec ses fruits rouges et bleus pousse
dans tous les fossés, où l'on voit des forêts entières
de citronniers et d'orangers, où mille plantes merveilleuses exhalent leurs parfums. Sur les routes,
les enfants jouaient avec de gros papillons bigarrés.

Un peu plus loin, l'hirondelle s'arrêta près d'un
lac azuré au bord duquel s'élevait un antique château de marbre, entouré de colonnes qui suppor-
taient des treilles. Au sommet se trouvaient une
quantité de nids.

L'un de ces nids servait de demeure à l'hirondelle qui amenait Poucette.

« Voici ma demeure dit l'oiseau ; mais il ne sera
pas convenable que tu habites avec moi ; d'ailleurs
je ne suis pas préparé pour te recevoir. Choisis
toi-même une des plus belles fleurs ; je t'y dépo-

serai, et je ferai tout mon possible pour te rendre ce séjour agréable.

— Quel bonheur ! » répondit Poucette en battant de ses petites mains.

De grandes belles fleurs blanches poussaient entre les fragments d'une colonne renversée ; c'est là que l'hirondelle déposa la petite fille sur une des plus larges feuilles.

Poucette, au comble de la joie, était ravie de toutes les magnificences qui l'entouraient dans ces lieux enchanteurs.

Mais quel ne fut pas son étonnement ! un petit homme blanc et transparent comme du verre se tenait assis dans la fleur, haute d'un pouce à peine. Il portait sur la tête une couronne d'or, et sur les épaules des ailes brillantes.

C'était le génie de la fleur ; chaque fleur servait de palais à un petit homme et à une petite femme, et il régnait sur tout ce peuple.

« Dieu, qu'il est beau ! dit tout bas Poucette à l'hirondelle.

En apercevant l'oiseau gigantesque, le petit prince si fin et si délicat s'effraya d'abord ; mais il se remit à la vue de la petite Poucette, qui lui semblait la plus belle fille du monde. Il lui posa sa couronne d'or sur la tête, lui demanda quel était son nom, et si elle voulait bien devenir sa femme.

Quel mari en comparaison du jeune crapaud et de la taupe au manteau noir! En l'acceptant, elle deviendrait la reine des fleurs!

Elle l'accepta donc, et bientôt elle reçut la visite d'un monsieur et d'une belle dame qui sortaient de chaque fleur pour lui offrir des présents.

Rien ne lui fit autant de plaisir qu'une paire d'ailes transparentes qui avaient appartenu à une grosse mouche blanche. Attachées à ses épaules, elles permirent à Poucette de voler d'une fleur à l'autre.

Pendant ce temps l'hirondelle, dans son nid, faisait entendre ses plus belles chansons; mais, au fond de son cœur, elle se sentait bien affligée d'être séparée de sa bienfaitrice.

« Tu ne t'appelleras plus Poucette, lui dit le génie de la fleur, ce nom est vilain, et toi tu es belle, belle comme doit l'être la reine des fleurs. Désormais nous t'appellerons Maïa.

— Adieu, adieu! » dit la petite hirondelle en s'envolant vers le Danemark.

Lorsqu'elle y fut arrivée, elle regagna son nid, au-dessus de la fenêtre où l'auteur de ces contes attendait son retour.

« Quivit! quivit! » lui dit-elle, et c'est ainsi qu'il a appris cette aventure.

LA PETITE SIRÈNE.

Bien loin dans la mer, l'eau est bleue comme les feuilles des bluets, pure comme le verre le plus transparent, mais si profonde qu'il serait inutile d'y jeter l'ancre, et qu'il faudrait y entasser une quantité infinie de tours d'églises les unes sur les autres pour mesurer la distance du fond à la surface.

C'est là que demeure le peuple de la mer. Mais n'allez pas croire que ce fond se compose seulement de sable blanc; non, il y croît des plantes et des arbres bizarres, et si souples que le moindre mouvement de l'eau les fait s'agiter comme s'ils étaient vivants. Tous les poissons, grands et petits, vont et viennent entre les branches comme les oiseaux dans l'air. A l'endroit le plus profond se trouve le château du roi de la mer, dont les murs sont de corail, les fenêtres de bel ambre jaune, et le toit de coquillages qui s'ouvrent et se ferment pour recevoir l'eau ou pour la rejeter. Chacun de ces coquillages renferme des perles brillantes dont la moindre ferait honneur à la couronne d'une reine.

Depuis plusieurs années le roi de la mer était veuf, et sa vieille mère dirigeait sa maison. C'était une femme spirituelle, mais si fière de son rang, qu'elle portait douze huîtres à sa queue, tandis que les autres grands personnages n'en portaient que six. Elle méritait des éloges pour les soins qu'elle prodiguait à ses six petites filles, toutes princesses charmantes. Cependant la plus jeune était plus belle encore que les autres ; elle avait la peau douce et diaphane comme une feuille de rose, les yeux bleus comme un lac profond ; mais elle n'avait pas de pieds : ainsi que ses sœurs, son corps se terminait par une queue de poisson.

Toute la journée, les enfants jouaient dans les grandes salles du château, où des fleurs vivantes poussaient sur les murs. Lorsqu'on ouvrait les fenêtres d'ambre jaune, les poissons y entraient comme chez nous les hirondelles, et ils mangeaient dans la main des petites princesses, qui les caressaient. Devant le château était un grand jardin avec des arbres d'un bleu sombre ou d'un rouge de feu. Les fruits brillaient comme de l'or, et les fleurs, agitant sans cesse leurs tiges et leurs feuilles, ressemblaient à de petites flammes. Le sol se composait de sable blanc et fin, et une lueur bleue merveilleuse, qui se répandait partout, aurait fait croire qu'on était dans l'air, au milieu de l'azur du ciel, plutôt que sous la mer. Les jours de calme, on pouvait apercevoir le soleil, semblable à une petite fleur de pourpre versant la lumière de son calice.

Chacune des princesses avait dans le jardin son petit terrain, qu'elle pouvait cultiver selon son bon plaisir. L'une lui donnait la forme d'une baleine, l'autre celle d'une sirène; mais la plus jeune fit le sien rond comme le soleil, et n'y planta que des fleurs rouges comme lui. C'était une enfant bizarre, silencieuse et réfléchie. Lorsque ses sœurs jouaient avec différents objets provenant des bâtiments naufragés, elle s'amusait à parer une jolie statuette de marbre blanc, représentant un charmant petit garçon, placée sous un saule pleureur magnifique, couleur de rose, qui la couvrait d'une ombre violette. Son plus grand plaisir consistait à écouter des récits sur le monde où vivent les hommes. Toujours elle priait sa vieille grand'mère de lui parler des vaisseaux, des villes, des hommes et des animaux.

Elle s'étonnait surtout que sur la terre les fleurs exhalassent un parfum qu'elles n'ont pas sous les eaux de la mer, et que les forêts y fussent vertes.

Elle ne pouvait pas s'imaginer comment les poissons chantaient et sautillaient sur les arbres. La grand'mère appelait les petits oiseaux des poissons; sans quoi elle ne se serait pas fait comprendre.

« Lorsque vous aurez quinze ans, dit la grand'-mère , je vous donnerai la permission de monter à la surface de la mer et de vous asseoir au clair de la lune sur des rochers, pour voir passer les grands vaisseaux et faire connaissance avec les forêts et les villes. »

L'année suivante, l'aînée des sœurs allait atteindre sa quinzième année, et comme il n'y avait qu'une année de différence entre chaque sœur, la plus jeune devait encore attendre cinq ans pour sortir du fond de la mer. Mais l'une promettait toujours à l'autre de lui faire le récit des merveilles qu'elle aurait vues à sa première sortie ; car leur grand'mère ne parlait jamais assez, et il y avait tant de choses qu'elles brûlaient de savoir !

La plus curieuse, c'était certes la plus jeune ; souvent, la nuit, elle se tenait auprès de la fenêtre ouverte, cherchant à percer de ses regards l'épaisseur de l'eau bleue que les poissons battaient de leurs nageoires et de leur queue. Elle aperçut en effet la lune et les étoiles, mais elles lui paraissaient toutes pâles et considérablement grossies par l'eau.

Lorsque quelque nuage noir les voilait, elle savait que c'était une baleine ou un navire chargé d'hommes qui nageait au-dessus d'elle. Certes, ces hommes ne pensaient pas qu'une charmante petite sirène étendait au-dessous d'eux ses mains blanches vers la carène.

Le jour vint où la princesse aînée atteignit sa quinzième année, et elle monta à la surface de la mer.

A son retour, elle avait mille choses à raconter. « Oh! disait-elle, c'est délicieux de voir, étendue au clair de la lune sur un banc de sable, au milieu de la mer calme, les rivages de la grande ville où les lumières brillent comme des centaines d'étoiles ; d'entendre la musique harmonieuse, le son des cloches des églises, et tout ce bruit d'hommes et de voitures ! »

Oh! comme sa petite sœur l'écoutait attentivement! Tous les soirs, debout à la fenêtre ouverte, regardant à travers l'énorme masse d'eau, elle rêvait à la grande ville, à son bruit et à ses lumières, et croyait entendre sonner les cloches tout près d'elle.

L'année suivante, la seconde des sœurs reçut la permission de monter. Elle sortit sa tête de l'eau au moment où le soleil touchait à l'horizon, et la magnificence de ce spectacle la ravit au dernier point.

« Tout le ciel, disait-elle à son retour, ressemblait à de l'or, et la beauté des nuages était au-dessus de tout ce qu'on peut imaginer. Ils pas-

saient devant moi, rouges et violets, et au milieu
d'eux volait vers le soleil, comme un long voile
blanc, une bande de cygnes sauvages. Moi aussi,
j'ai voulu nager vers le grand astre rouge ; mais
tout à coup il a disparu, et la lueur rose qui tei-
gnait la surface de la mer ainsi que les nuages
s'évanouit bientôt. »

Puis vint le tour de la troisième sœur. C'était
la plus hardie, aussi elle remonta le cours d'un
large fleuve. Elle vit d'admirables collines plantées de vignes, de châteaux et de fermes situés au
milieu de forêts superbes. Elle entendit le chant
des oiseaux, et la chaleur du soleil la força à se
plonger plusieurs fois dans l'eau pour rafraîchir
sa figure. Dans une baie, elle rencontra une foule
de petits êtres humains qui jouaient en se bai-
gnant. Elle voulut jouer avec eux, mais ils se
sauvèrent tout effrayés, et un animal noir — c'était
un chien — se mit à aboyer si terriblement qu'elle
fut prise de peur et regagna promptement la
pleine mer. Mais jamais elle ne put oublier les
superbes forêts, les collines vertes et les gentils
enfants qui savaient nager, quoiqu'ils n'eussent
point de queue de poisson.

La quatrième sœur, qui était moins hardie, aima
mieux rester au milieu de la mer sauvage, où la
vue s'étendait à plusieurs lieues, et où le ciel
s'arrondissait au-dessus de l'eau comme une

grande cloche de verre. Elle apercevait de loin les navires, pas plus grands que des mouettes; les dauphins joyeux faisaient des culbutes, et les baleines colossales lançaient des jets d'eau de leurs narines.

Le tour de la cinquième arriva ; son jour tomba précisément en hiver : aussi vit-elle ce que les autres n'avaient pas encore pu voir. La mer avait une teinte verdâtre, et partout nageaient, avec des formes bizarres, et brillantes comme des diamants, des montagnes de glace. « Chacune d'elles, disait la voyageuse, ressemble à une perle plus grosse que les tours d'église que bâtissent les hommes. » Elle s'était assise sur une des plus grandes, et tous les navigateurs se sauvaient de cet endroit où elle abandonnait sa longue chevelure au gré des vents. Le soir, un orage couvrit le ciel de nuées; les éclairs brillèrent, le tonnerre gronda, tandis que la mer, noire et agitée, élevant les grands monceaux de glace, les faisait briller de l'éclat rouge des éclairs. Toutes les voiles furent serrées, la terreur se répandit partout; mais elle, tranquillement assise sur sa montagne de glace, vit la foudre tomber en zigzag sur l'eau luisante.

La première fois qu'une des sœurs sortait de l'eau, elle était toujours enchantée de toutes les nouvelles choses qu'elle apercevait; mais, une

fois grandie, lorsqu'elle pouvait monter à loisir,
le charme disparaissait, et elle disait au bout d'un
mois qu'en bas tout était bien plus gentil, et que
rien ne valait son chez-soi.

Souvent, le soir, les cinq sœurs, se tenant par
le bras, montaient ainsi à la surface de l'eau.
Elles avaient des voix enchanteresses comme nulle
créature humaine, et, si par hasard quelque orage
leur faisait croire qu'un navire allait sombrer,
elles nageaient devant lui et entonnaient des
chants magnifiques sur la beauté du fond de la
mer, invitant les marins à leur rendre visite.
Mais ceux-ci ne pouvaient comprendre les paroles
des sirènes, et ils ne virent jamais les magnificences qu'elles célébraient ; car, aussitôt le navire
englouti, les hommes se noyaient, et leurs cadavres seuls arrivaient au château du roi de la
mer.

Pendant l'absence de ses cinq sœurs, la plus
jeune, restée seule auprès de la fenêtre, les suivait du regard et avait envie de pleurer. Mais une
sirène n'a point de larmes, et son cœur en souffre davantage.

« Oh! si j'avais quinze ans! disait-elle, je sens
déjà combien j'aimerais le monde d'en haut et les
hommes qui l'habitent. »

Le jour vint où elle eut quinze ans.

« Tu vas partir, lui dit sa grand'mère, la vieille

reine douairière : viens que je fasse ta toilette comme à tes sœurs. »

Et elle posa sur ses cheveux une couronne de lis blancs dont chaque feuille était la moitié d'une perle ; puis elle fit attacher à la queue de la princesse huit grandes huîtres pour désigner son rang élevé.

« Comme elles me font mal ! dit la petite sirène.

— Si l'on veut être bien habillée, il faut souffrir un peu, » répliqua la vieille reine.

Cependant la jeune fille aurait volontiers rejeté tout ce luxe et la lourde couronne qui pesait sur sa tête. Les fleurs rouges de son jardin lui allaient beaucoup mieux ; mais elle n'osa pas faire d'observations,

« Adieu ! » dit-elle ; et, légère comme une bulle de savon, elle traversa l'eau.

Lorsque sa tête apparut à la surface de la mer, le soleil venait de se coucher ; mais les nuages brillaient encore comme des roses et de l'or, et l'étoile du soir étincelait au milieu du ciel. L'air était doux et frais, la mer paisible. Près de la petite sirène se trouvait un navire à trois mâts ; il n'avait qu'une voile dehors, à cause du calme, et les matelots étaient assis sur les vergues et sur les cordages. La musique et les chants y résonnaient sans cesse, et à l'approche de la nuit on

alluma cent lanternes de diverses couleurs sus·
pendues aux cordages : on aurait cru voir les pavillons de toutes les nations. La petite sirène nagea jusqu'à la fenêtre de la grande chambre, et,
chaque fois que l'eau la soulevait, elle apercevait
à travers les vitres transparentes une quantité
d'hommes magnifiquement habillés. Le plus beau
d'entre eux était un jeune prince aux grands cheveux noirs, âgé d'environ seize ans, et c'était pour
célébrer sa fête que tous ces préparatifs avaient
lieu.

Les matelots dansaient sur le pont, et lorsque
le jeune prince s'y montra, cent fusées s'élevèrent
dans les airs, répandant une lumière comme celle
du jour. La petite sirène eut peur et s'enfonça
dans l'eau ; mais bientôt elle reparut, et alors
toutes les étoiles du ciel semblèrent pleuvoir sur
elle. Jamais elle n'avait vu un pareil feu d'artifice ;
de grands soleils tournaient, des poissons de feu
fendaient l'air, et toute la mer, pure et calme,
brillait. Sur le navire on pouvait voir chaque petit cordage, et encore mieux les hommes. Oh !
que le jeune prince était beau ! Il serrait la main
à tout le monde, parlait et souriait à chacun tandis que la musique envoyait dans la nuit ses sons
harmonieux.

Il était tard, mais la petite sirène ne put se las-
ser d'admirer le vaisseau et le beau prince. Les

lanternes ne brillaient plus et les coups de canon
avaient cessé; toutes les voiles furent successive-
ment déployées et le vaisseau s'avança rapidement sur l'eau. La princesse le suivit, sans dé-
tourner un instant ses regards de la fenêtre. Mais
bientôt la mer commença à s'agiter; les vagues
grossissaient, et de grands nuages noirs s'amon-
celaient dans le ciel. Dans le lointain brillaient les
éclairs, un orage terrible se préparait. Le vaisseau
se balançait sur la mer impétueuse, dans une
marche rapide. Les vagues, se dressant comme de
hautes montagnes, tantôt le faisaient rouler entre
elles comme un cygne, tantôt l'élevaient sur leur
cime. La petite sirène se plut d'abord à ce voyage.
accidenté; mais, lorsque le vaisseau, subissant de
violentes secousses, commença à craquer, lorsque
tout à coup le mât se brisa comme un jonc, et
que le vaisseau se pencha d'un côté tandis que
l'eau pénétrait dans la cale, alors elle comprit le
danger, et elle dut prendre garde elle-même aux
poutres et aux débris qui se détachaient du bâtiment.

Par moments il se faisait une telle obscurité,
qu'elle ne distinguait absolument rien; d'autres
fois, les éclairs lui rendaient visibles les moindres
détails de cette scène. L'agitation était à son comble sur le navire; encore une secousse! il se fendit tout à fait, et elle vit le jeune prince s'englou-

tir dans la mer profonde. Transportée de joie, elle crut qu'il allait descendre dans sa demeure ; mais elle se rappela que les hommes ne peuvent vivre dans l'eau, et que par conséquent il arriverait mort au château de son père. Alors, pour le sauver, elle traversa à la nage les poutres et les planches éparses sur la mer, au risque de se faire écraser, plongea profondément sous l'eau à plusieurs reprises, et ainsi elle arriva jusqu'au jeune prince, au moment où ses forces commençaient à l'abandonner et où il fermait déjà les yeux, près de mourir. La petite sirène le saisit, soutint sa tête au-dessus de l'eau, puis s'abandonna avec lui au caprice des vagues.

Le lendemain matin, le beau temps était revenu, mais il ne restait plus rien du vaisseau. Un soleil rouge, aux rayons pénétrants, semblait rappeler la vie sur les joues du prince ; mais ses yeux restaient toujours fermés. La sirène déposa un baiser sur son front et releva ses cheveux mouillés. Elle lui trouva une ressemblance avec la statue de marbre de son petit jardin, et fit des vœux pour son salut. Elle passa devant la terre ferme, couverte de hautes montagnes bleues à la cime desquelles brillait la neige blanche. Au pied de la côte, au milieu d'une superbe forêt verte, s'étendait un village avec une église ou un couvent. En dehors des portes s'élevaient de grands pal-

miers, et dans les jardins croissaient des orangers
et des citronniers; non loin de cet endroit, la
mer formait un petit golfe, s'allongeant jusqu'à

un rocher couvert d'un sable fin et blanc. C'est là
que la sirène déposa le prince, ayant soin de lui
tenir la tête haute et de la présenter aux rayons
du soleil.

Bientôt les cloches de l'église commencèrent à sonner, et une quantité de jeunes filles apparurent dans un des jardins. La petite sirène s'éloigna en nageant, et se cacha derrière quelques grosses pierres pour observer ce qui arriverait au pauvre prince.

Quelques moments après, une des jeunes filles vint à passer devant lui; d'abord, elle parut s'effrayer, mais, se remettant aussitôt, elle courut chercher d'autres personnes qui prodiguèrent au prince toute espèce de soins. La sirène le vit reprendre ses sens et sourire à tous ceux qui l'entouraient; à elle seule il ne sourit pas, ignorant qui l'avait sauvé. Aussi, lorsqu'elle le vit conduire dans une grande maison, elle plongea tristement et retourna au château de son père.

Elle avait toujours été silencieuse et réfléchie; à partir de ce jour, elle le devint encore davantage. Ses sœurs la questionnèrent sur ce qu'elle avait vu là-haut, mais elle ne raconta rien.

Plus d'une fois, le soir et le matin, elle retourna à l'endroit où elle avait laissé le prince. Elle vit mûrir les fruits du jardin, elle vit fondre la neige sur les hautes montagnes, mais elle ne vit pas le prince; et elle retournait toujours plus triste au fond de la mer. Là, sa seule consolation était de s'asseoir dans son petit jardin et d'entourer de ses bras la jolie statuette de marbre qui ressem-

blait au prince, tandis que ses fleurs négligées,
oubliées, s'allongeaient dans les allées comme
dans un lieu sauvage, entrelaçaient leurs longues
tiges dans les branches des arbres, et formaient
ainsi des voûtes épaisses qui obstruaient la lumière.

Enfin cette existence lui devint insupportable;
elle confia tout à une de ses sœurs, qui le raconta
aussitôt aux autres, mais à elles seules et à quelques autres sirènes qui ne le répétèrent qu'à leurs
amies intimes. Il se trouva qu'une de ces derniè-
res, ayant vu aussi la fête célébrée sur le vaisseau, connaissait le prince et savait l'endroit où
était situé son royaume.

« Viens, petite sœur, » dirent les autres prin-.
cesses; et, s'entrelaçant les bras sur les épaules,
elles s'élevèrent en file sur la mer devant le château du prince.

Ce château était construit de pierres jaunes et
luisantes; de grands escaliers de marbre condui-
saient à l'intérieur et au jardin; plusieurs dômes
dorés brillaient sur le toit, et entre les colonnes
des galeries se trouvaient des statues de marbre
qui paraissaient vivantes. Les salles, magnifiques,
étaient ornées de rideaux et de tapis incompara-
bles, et les murs couverts de grandes peintures.
Dans le grand salon, le soleil réchauffait, à travers un plafond de cristal, les plantes les plus ra-

res, qui poussaient dans un grand bassin au-dessous de plusieurs jets d'eau.

Dès lors, la petite sirène revint souvent à cet
endroit, la nuit comme le jour; elle s'approchait
de la côte, et osait même s'asseoir sous le grand
balcon de marbre qui projetait son ombre bien
avant sur les eaux. De là, elle voyait au clair de
la lune le jeune prince, qui se croyait seul; souvent, au son de la musique, il passa devant elle
dans un riche bateau pavoisé, et ceux qui aper-
cevaient son voile blanc dans les roseaux verts la
prenaient pour un cygne ouvrant ses ailes.

Elle entendait aussi les pêcheurs dire beaucoup
de bien du jeune prince, et alors elle se réjouissait de lui avoir sauvé la vie, quoiqu'il l'ignorât
complétement. Son affection pour les hommes
croissait de jour en jour, de jour en jour aussi
elle désirait davantage s'élever jusqu'à eux. Leur
monde lui semblait bien plus vaste que le sien;
ils savaient franchir la mer avec des navires,
grimper sur les hautes montagnes au delà des
nues; ils jouissaient d'immenses forêts et de
champs verdoyants. Ses sœurs ne pouvant satisfaire toute sa curiosité, elle questionna sa vieille
grand'mère, qui connaissait bien le monde plus
élevé, celui qu'elle appelait à juste titre les pays
au-dessus de la mer.

« Si les hommes ne se noient pas, demanda la

jeune princesse, est-ce qu'ils vivent éternellement? Ne meurent-ils pas comme nous?

— Sans doute, répondit la vieille, ils meurent,
et leur existence est même plus courte que la nô-
tre. Nous autres, nous vivons quelquefois trois
cents ans; puis, cessant d'exister, nous nous trans-
formons en écume, car au fond de la mer ne se
trouvent point de tombes pour recevoir les corps
inanimés. Notre âme n'est pas immortelle; avec
la mort tout est fini. Nous sommes comme les roseaux verts : une fois coupés, ils ne verdissent
plus jamais! Les hommes, au contraire, possè-
dent une âme qui vit éternellement, qui vit après
que leur corps s'est changé en poussière; cette
âme monte à travers la subtilité de l'air jusqu'aux
étoiles qui brillent, et, de même que nous nous
élevons du fond des eaux pour voir le pays des
hommes, ainsi eux s'élèvent à de délicieux endroits, immenses, inaccessibles aux peuples de la
mer.

— Mais pourquoi n'avons-nous pas aussi une
âme immortelle? dit la petite sirène affligée; je
donnerais volontiers les centaines d'années qui me
restent à vivre pour être homme, ne fût-ce qu'un
jour, et participer ensuite au monde céleste.

— Ne pense pas à de pareilles sottises, répliqua
la vieille; nous sommes bien plus heureux ici en
bas que les hommes là-haut.

— Il faut donc un jour que je meure ; je ne serai plus qu'un peu d'écume ; pour moi plus de
murmure des vagues, plus de fleurs, plus de soleil ! N'est-il donc aucun moyen pour moi d'acquérir une âme immortelle ?

— Un seul, mais à peu près impossible. Il faudrait qu'un homme conçût pour toi un amour infini, que tu lui devinsses plus chère que son père
et sa mère. Alors, attaché à toi de toute son âme
et de tout son cœur, s'il faisait unir par un prêtre
sa main droite à la tienne en promettant une fidé-
lité éternelle, son âme se communiquerait à ton
corps, et tu serais admise au bonheur des hommes. Mais jamais une telle chose ne pourra se
faire ! Ce qui passe ici dans la mer pour la plus
grande beauté, ta queue de poisson, ils la trouvent détestable sur la terre. Pauvres hommes !
Pour être beaux, ils s'imaginent qu'il leur faut
deux supports grossiers, qu'ils appellent jambes ! »

La petite sirène soupira tristement en regardant
sa queue de poisson.

« Soyons gaies ! dit la vieille, sautons et amusons-nous le plus possible pendant les trois cents
années de notre existence ; c'est, ma foi, un laps
de temps assez gentil, nous nous reposerons d'autant mieux après. Ce soir il y a bal à la cour. »

On ne peut se faire une idée sur la terre d'une
pareille magnificence. La grande salle de danse

tout entière n'était que de cristal ; des milliers de
coquillages énormes, rangés de chaque côté, éclairaient la salle d'une lumière bleuâtre, qui, à travers les murs transparents, illuminait aussi la mer
au dehors. On y voyait nager d'innombrables
poissons, grands et petits, couverts d'écailles luisantes comme de la pourpre, de l'or et de l'argent.

Au milieu de la salle coulait une large rivière,
sur laquelle dansaient les dauphins et les sirènes,
au son de leur propre voix, qui était superbe. La
petite sirène fut celle qui chanta le mieux, et on
l'applaudit si fort, que pendant un instant la satisfaction lui fit oublier les merveilles de la terre.
Mais bientôt elle reprit ses anciens chagrins, pensant au beau prince et à son âme immortelle. Elle
quitta le chant et les rires, sortit tout doucement du château, et s'assit dans son petit jardin.
Là, elle entendit le son des cors qui pénétrait
l'eau.

« Le voilà qui passe, celui que j'aime de tout
mon cœur et de toute mon âme, celui qui occupe
toutes mes pensées, à qui je voudrais confier le
bonheur de ma vie ! Je risquerais tout pour lui
et pour gagner une âme immortelle. Pendant que
mes sœurs dansent dans le château de mon père,
je vais aller trouver la sorcière de la mer, que
j'ai tant eue en horreur jusqu'à ce jour. Elle

pourra peut-être me donner des conseils et me venir en aide. »

Et la petite sirène, sortant de son jardin, se dirigea vers les tourbillons mugissants derrière lesquels demeurait la sorcière. Jamais elle n'avait suivi ce chemin. Pas une fleur ni un brin d'herbe n'y poussait. Le fond, de sable gris et nu, s'étendait jusqu'à l'endroit où l'eau, comme des meules de moulin, tournait rapidement sur elle-même, engloutissant tout ce qu'elle pouvait attraper. La princesse se vit obligée de traverser ces terribles tourbillons pour arriver aux domaines de la sorcière, dont la maison s'élevait au milieu d'une forêt étrange. Tous les arbres et tous les buissons n'étaient que des polypes, moitié animaux, moitié plantes, pareils à des serpents à cent têtes sortant de terre. Les branches étaient des bras longs et gluants, terminés par des doigts en forme de vers, et qui remuaient continuellement. Ces bras s'enlaçaient sur tout ce qu'ils pouvaient saisir, et ne le lâchaient plus.

La petite sirène, prise de frayeur, aurait voulu s'en retourner; mais en pensant au prince et à l'âme de l'homme, elle s'arma de tout son courage. Elle attacha autour de sa tête sa longue chevelure flottante, pour que les polypes ne pussent la saisir, croisa ses bras sur sa poitrine, et nagea ainsi, rapide comme un poisson, parmi ces vilaines créa-

tures dont chacune serrait comme avec des liens
de fer quelque chose entre ses bras, soit des squelettes blancs de naufragés, soit des rames, soit
des caisses ou des carcasses d'animaux. Pour comble d'effroi, la princesse en vit une qui enlaçait
une petite sirène étouffée.

Enfin elle arriva à une grande place dans la forêt, où de gros serpents de mer se roulaient en
montrant leur hideux ventre jaunâtre. Au milieu
de cette place se trouvait la maison de la sorcière,
construite avec les os des naufragés, et où la sorcière, assise sur une grosse pierre, donnait à manger à un crapaud dans sa main, comme les hommes
font manger du sucre aux petits canaris. Elle appelait les affreux serpents ses petits poulets, et se
plaisait à les faire rouler sur sa grosse poitrine
spongieuse.

« Je sais ce que tu veux, s'écria-t-elle en apercevant la princesse; tes désirs sont stupides; néanmoins je m'y prêterai, car je sais qu'ils te porte-
ront malheur. Tu veux te débarrasser de ta queue
de poisson, et la remplacer par deux de ces pièces
avec lesquelles marchent les hommes, afin que le
prince s'amourache de toi, t'épouse et te donne
une âme immortelle. »

A ces mots elle éclata d'un rire épouvantable,
qui fit tomber à terre le crapaud et les serpents.

« Enfin tu as bien fait de venir; demain, au le-

ver du soleil, c'eût été trop tard, et il t'aurait
fallu attendre encore une année. Je vais te prépa-
rer un élixir que tu emporteras à terre avant le

point du jour. Assieds-toi sur la côte, et bois-le.
Aussitôt ta queue se rétrécira et se partagera en
ce que les hommes appellent deux belles jambes.

Maïs je te préviens que cela te fera souffrir comme si l'on te coupait avec une épée tranchante. Tout le monde admirera ta beauté, tu conserveras ta marche légère et gracieuse, mais chacun de tes pas te causera autant de douleur que si tu marchais sur des pointes d'épingle, et fera couler ton sang. Si tu veux endurer toutes ces souffrances, je consens à t'aider.

— Je les supporterai! dit la sirène d'une voix tremblante, en pensant au prince et à l'âme immortelle.

— Mais souviens-toi, continua la sorcière, qu'une fois changée en être humain, jamais tu ne pourras redevenir sirène! Jamais tu ne reverras le château de ton père; et si le prince, oubliant son père et sa mère, ne s'attache pas à toi de tout son cœur et de toute son âme, ou s'il ne veut pas faire bénir votre union par un prêtre, tu n'auras jamais une âme immortelle. Le jour où il épousera une autre femme, ton cœur se brisera, et tu ne seras plus qu'un peu d'écume sur la cime des vagues..

— J'y consens, dit la princesse, pâle comme la mort.

— En ce cas, poursuivit la sorcière, il faut aussi que tu me payes; et je ne demande pas peu de chose. Ta voix est la plus belle parmi celles du fond de la mer, tu penses avec elle enchanter le

prince, mais c'est précisément ta voix que j'exige
en payement. Je veux ce que tu as de plus beau
en échange de mon précieux élixir; car, pour le
rendre bien efficace, je dois y verser mon propre
sang.

— Mais si tu prends ma voix, demanda la petite
sirène, que me restera-t-il?

— Ta charmante figure, répondit la sorcière, ta
marche légère et gracieuse, et tes yeux expressifs:
cela suffit pour entortiller le cœur d'un homme.
Allons! du courage! Tire ta langue, que je la coupe,
puis je te donnerai l'élixir.

— Soit! » répondit la princesse, et la sorcière
lui coupa la langue. La pauvre enfant resta muette.

Là-dessus, la sorcière mit son chaudron sur le
feu pour faire bouillir la boisson magique.

« La propreté est une bonne chose, » dit-elle en
prenant un paquet de vipères pour nettoyer le
chaudron. Puis, se faisant une entaille dans la
poitrine, elle laissa couler son sang noir dans le
chaudron.

Une vapeur épaisse en sortit, formant des figures bizarres, affreuses. A chaque instant, la vieille
ajoutait un nouvel ingrédient, et, lorsque le mé-
lange bouillit à gros bouillons, il rendit un son
pareil aux gémissements du crocodile. L'élixir,
une fois préparé, ressemblait à de l'eau claire.

« Le voici, dit la sorcière, après l'avoir versé

dans une fiole. Si les polypes voulaient te saisir, quand tu t'en retourneras par ma forêt, tu n'as qu'à leur jeter une goutte de cette boisson, et ils éclateront en mille morceaux. »

Ce conseil était inutile ; car les polypes, en apercevant l'élixir qui luisait dans la main de la princesse comme une étoile, reculèrent effrayés devant elle. Ainsi elle traversa la forêt et les tourbillons mugissants.

Quand elle arriva au château de son père, les lumières de la grande salle de danse étaient éteintes ; tout le monde dormait sans doute, mais elle n'osa pas entrer. Elle ne pouvait plus leur parler, et bientôt elle allait les quitter pour jamais. Il lui semblait que son cœur se brisait de chagrin. Elle se glissa ensuite dans le jardin, cueillit une fleur de chaque parterre de ses sœurs, envoya du bout des doigts mille baisers au château, et monta à la surface de la mer.

Le soleil ne s'était pas encore levé lorsqu'elle vit le château du prince. Elle s'assit sur la côte et but l'élixir ; ce fut comme si une épée affilée lui traversait le corps ; elle s'évanouit et resta comme morte. Le soleil brillait déjà sur la mer lorsqu'elle se réveilla, éprouvant une douleur cuisante. Mais en face d'elle était le beau prince, qui attachait sur elle ses yeux noirs. La petite sirène baissa les siens, et alors elle vit que sa queue de

poisson avait disparu, et que deux jambes blanches et gracieuses la remplaçaient.

Le prince lui demanda qui elle était et d'où elle
venait; elle le regarda d'un air doux et affligé,
sans pouvoir dire un mot. Puis le jeune homme
la prit par la main et la conduisit au château.
Chaque pas, comme avait dit la sorcière, lui cau-
sait des douleurs atroces; cependant, au bras du
prince, elle monta l'escalier de marbre, légère
comme une bulle de savon, et tout le monde ad-
mira sa marche gracieuse. On la revêtit de soie
et de mousseline, sans pouvoir assez admirer sa
beauté; mais elle restait toujours muette. Des esclaves, habillées de soie et d'or, chantaient devant le prince les exploits de ses ancêtres; elles
chantaient bien, et le prince les applaudissait en
souriant à la jeune fille.

« S'il savait, pensa-t-elle, que pour lui j'ai sacrifié une voix plus belle encore! »

Après le chant, les esclaves exécutèrent une
danse gracieuse au son d'une musique charmante.
Mais lorsque la petite sirène se mit à danser,
élevant ses bras blancs et se tenant sur la pointe
des pieds, sans toucher presque le plancher, tandis que ses yeux parlaient au cœur mieux que le
chant des esclaves, tous furent ravis en extase;
le prince s'écria qu'elle ne le quitterait jamais,
et lui permit de dormir à sa porte sur un coussin

de velours. Tout le monde ignorait les souffrances qu'elle avait endurées en dansant.

Le lendemain, le prince lui donna un costume d'amazone pour qu'elle le suivît à cheval. Ils traversèrent ainsi les forêts parfumées et gravirent les hautes montagnes ; la princesse, tout en riant, sentait saigner ses pieds.

La nuit, lorsque les autres dormaient, elle descendit secrètement l'escalier de marbre et se rendit à la côte pour rafraîchir ses pieds brûlants dans l'eau froide de la mer, et le souvenir de sa patrie revint à son esprit.

Une nuit, elle aperçut ses sœurs se tenant par la main ; elles chantaient si tristement en nageant, que la petite sirène ne put s'empêcher de leur faire signe. L'ayant reconnue, elles lui racontèrent combien elle leur avait causé de chagrin. Toutes les nuits elles revinrent, et une fois elles amenèrent aussi la vieille grand'mère, qui depuis nombre d'années n'avait pas mis la tête hors de l'eau, et le roi de la mer avec sa couronne de corail. Tous les deux étendirent leurs mains vers leur fille ; mais ils n'osèrent pas, comme ses sœurs, s'approcher de la côte.

Tous les jours le prince l'aimait de plus en plus, mais il l'aimait comme on aime une enfant bonne et gentille, sans avoir l'idée d'en faire sa femme. Cependant, pour qu'elle eût une âme immortelle et qu'elle ne devînt pas un jour un peu d'écume, il fallait que le prince épousât la sirène.

« Ne m'aimes-tu pas mieux que toutes les autres ? voilà ce que semblaient dire les yeux de la pauvre petite lorsque, la prenant dans ses bras, il déposait un baiser sur son beau front.

— Certainement, répondit le prince, car tu as meilleur cœur que toutes les autres ; tu m'es plus dévouée, et tu ressembles à une jeune fille que j'ai vue un jour, mais que sans doute je ne reverrai jamais. Me trouvant sur un navire, qui fit naufrage, je fus poussé à terre par les vagues, près d'un couvent habité par plusieurs jeunes filles. La plus jeune d'entre elles me trouva sur la côte et me sauva la vie, mais je ne la vis que deux fois. Jamais, dans le monde, je ne pourrai aimer une autre qu'elle ; eh bien ! tu lui ressembles, quelquefois même tu remplaces son image dans mon âme.

— Hélas ! pensa la petite sirène, il ignore que c'est moi qui l'ai porté à travers les flots jusqu'au couvent pour le sauver. Il en aime une autre ! Cependant cette jeune fille est enfermée dans un couvent, elle ne sort jamais ; peut-être l'oubliera-t-il pour moi, pour moi qui l'aimerai et lui serai dévouée toute ma vie. »

« Le prince va épouser la charmante fille du roi voisin, dit-on un jour ; il équipe un superbe na-

vire sous prétexte de rendre seulement visite au
roi, mais la vérité est qu'il va épouser sa fille. »

Cela fit sourire la sirène, qui savait mieux que
personne les pensées du prince, car il lui avait
dit : « Puisque mes parents l'exigent, j'irai voir
la belle princesse, mais jamais ils ne me force-
ront à la ramener pour en faire ma femme. Je ne
puis l'aimer ; elle ne ressemble pas, comme toi,
à la jeune fille du couvent, et je préférerais t'é-
pouser, toi, pauvre enfant trouvée, aux yeux si
expressifs, malgré ton éternel silence. »

Le prince partit.

En parlant ainsi, il avait déposé un baiser sur
sa longue chevelure.

« J'espère que tu ne crains pas la mer, mon enfant, » lui dit-il sur le navire qui les emportait.

Puis il lui parla des tempêtes et de la mer en fureur, des étranges poissons et de tout ce que les
plongeurs trouvent au fond des eaux. Ces discours la faisaient sourire, car elle connaissait le
fond de la mer mieux que personne assurément.

Au clair de la lune, lorsque les autres dormaient,
assise sur le bord du vaisseau, elle plongeait ses
regards dans la transparence de l'eau, et croyait
apercevoir le château de son père, et sa vieille
grand'mère les yeux fixés sur la carène. Une nuit,
ses sœurs lui apparurent ; elles la regardaient tris-

tement et se tordaient les mains. La petite les appela par des signes, et s'efforça de leur faire entendre que tout allait bien ; mais au même instant le mousse s'approcha, et elles disparurent en laissant croire au petit marin qu'il n'avait vu que l'écume de la mer.

Le lendemain, le navire entra dans le port de la ville où résidait le roi voisin. Toutes les cloches sonnèrent, la musique retentit du haut des tours, et les soldats se rangèrent sous leurs drapeaux flottants. Tous les jours ce n'étaient que fêtes, bals, soirées ; mais la princesse n'était pas encore arrivée du couvent, où elle avait reçu une brillante éducation.

La petite sirène était bien curieuse de voir sa beauté : elle eut enfin cette satisfaction. Elle dut reconnaître que jamais elle n'avait vu une si belle figure, une peau si blanche et de grands yeux noirs si séduisants.

« C'est toi ! s'écria le prince en l'apercevant, c'est toi qui m'as sauvé la vie sur la côte ! » Et il serra dans ses bras sa fiancée rougissante. « C'est trop de bonheur ! continua-t-il en se tournant vers la petite sirène. Mes vœux les plus ardents sont accomplis ! Tu partageras ma félicité, car tu m'aimes mieux que tous les autres. »

L'enfant de la mer baisa la main du prince, bien qu'elle se sentît le cœur brisé.

Le jour de la noce de celui qu'elle aimait, elle devait mourir et se changer en écume.

La joie régnait partout; des hérauts annoncèrent les fiançailles dans toutes les rues au son des trompettes. Dans la grande église, une huile parfumée brûlait dans des lampes d'argent, les prêtres agitaient les encensoirs; les deux fiancés se donnèrent la main et reçurent la bénédiction de l'évêque. Habillée de soie et d'or, la petite sirène assistait à la cérémonie; mais elle ne pensait qu'à sa mort prochaine et à tout ce qu'elle avait perdu dans ce monde.

Le même soir, les deux jeunes époux s'embarquèrent au bruit des salves d'artillerie. Tous les pavillons flottaient, au milieu du vaisseau se dressait une tente royale d'or et de pourpre, où l'on avait préparé un magnifique lit de repos. Les voiles s'enflèrent, et le vaisseau glissa légèrement sur la mer limpide.

A l'approche de la nuit, on alluma des lampes de diverses couleurs, et les marins se mirent à danser joyeusement sur le pont. La petite sirène se rappela alors la soirée où, pour la première fois, elle avait vu le monde des hommes. Elle se mêla à la danse, légère comme une hirondelle, et elle se fit admirer comme un être surhumain. Mais il est impossible d'exprimer ce qui se passait dans son cœur; au milieu de la danse elle pensait à

celui pour qui elle avait quitté sa famille et sa
patrie, sacrifié sa voix merveilleuse et subi des
tourments inouïs. Cette nuit était la dernière où
elle respirait le même air que lui, où elle pouvait regarder la mer profonde et le ciel étoilé.
Une nuit éternelle, une nuit sans rêve l'attendait,
puisqu'elle n'avait pas une âme immortelle. Jusqu'à minuit la joie et la gaieté régnèrent autour
d'elle ; elle-même riait et dansait, la mort dans
le cœur.

Enfin le prince et la princesse se retirèrent dans
leur tente : tout devint silencieux, et le pilote
resta seul debout devant le gouvernail. La petite
sirène, appuyée sur ses bras blancs au bord du
navire, regardait vers l'orient, du côté de l'aurore ; elle savait que le premier rayon du soleil
allait la tuer.

Soudain ses sœurs sortirent de la mer, aussi
pâles qu'elle-même ; leur longue chevelure ne
flottait plus au vent, on l'avait coupée.

« Nous l'avons donnée à la sorcière, dirent-elles,
pour qu'elle te vienne en aide et te sauve de la
mort. Elle nous a donné un couteau bien affilé
que voici. Avant le lever du soleil, il faut que tu
l'enfonces dans le cœur du prince, et, lorsque son
sang encore chaud tombera sur tes pieds, ils se
joindront et se changeront en une queue de poisson. Tu redeviendras sirène ; tu pourras redes-

cendre dans l'eau près de nous, et ce n'est qu'à
l'âge de trois cents ans que tu disparaîtras en
écume. Mais dépêche-toi! car avant le lever du
soleil, il faut que l'un de vous deux meure. Tue-
le, et reviens! Vois-tu cette raie rouge à l'horizon?
Dans quelques minutes le soleil paraîtra, et tout
sera fini pour toi! »

Puis, poussant un profond soupir, elles s'enfon-
cèrent dans les vagues.

La petite sirène écarta le rideau de la tente, et
elle vit la jeune femme endormie, la tête appuyée
sur la poitrine du prince. Elle s'approcha d'eux,
s'inclina, et déposa un baiser sur le front de celui
qu'elle avait tant aimé. Ensuite elle tourna ses
regards vers l'aurore, qui luisait de plus en plus,
regarda alternativement le couteau tranchant et
le prince qui prononçait en rêvant le nom de son
épouse, leva l'arme d'une main tremblante, et....
la lança loin dans les vagues. Là où tomba le couteau, des gouttes de sang semblèrent rejaillir de
l'eau. La sirène jeta encore un regard sur le prince,
et se précipita dans la mer, où elle sentit son corps
se dissoudre en écume.

En ce moment, le soleil sortit des flots; ses
rayons doux et bienfaisants tombaient sur l'écume
froide, et la petite sirène ne se sentait pas morte;
elle vit le soleil brillant, les nuages de pourpre,
et au-dessus d'elle flottaient mille créatures trans-

parentes et célestes. Leurs voix formaient une
mélodie ravissante, mais si subtile, que nulle
oreille humaine ne pouvait l'entendre, comme
nul œil humain ne pouvait voir ces créatures. L'enfant de la mer s'aperçut qu'elle avait un corps
semblable aux leurs, et qui se dégageait peu à
peu de l'écume.

« Où suis-je? demanda-t-elle avec une voix
dont aucune musique ne peut donner l'idée.

— Chez les filles de l'air, répondirent les autres. La sirène n'a point d'âme immortelle, et elle
ne peut en acquérir une que par l'amour d'un
homme; sa vie éternelle dépend d'un pouvoir
étranger. Comme la sirène, les filles de l'air n'ont
pas une âme immortelle, mais elles peuvent en
gagner une par leurs bonnes actions. Nous volons
dans les pays chauds, où l'air pestilentiel tue les
hommes, pour y ramener la fraîcheur; nous ré-
pandons dans l'atmosphère le parfum des fleurs;
partout où nous passons, nous apportons des secours et nous ramenons la santé. Lorsque nous
avons fait le bien pendant trois cents ans, nous
recevons une âme immortelle, afin de participer
à l'éternelle félicité des hommes. Pauvre petite
sirène, tu as fait de tout ton cœur les mêmes efforts que nous; comme nous tu as souffert, et,
sortie victorieuse de tes épreuves, tu t'es élevée
jusqu'au monde des esprits de l'air, où il ne dé-

pend que de toi de gagner une âme immortelle par tes bonnes actions. »

Et la petite sirène, élevant ses bras vers le ciel, versa des larmes pour la première fois. Les accents de la gaieté se firent entendre de nouveau sur le navire; mais elle vit le prince et sa belle épouse regarder fixement avec mélancolie l'écume bouillonnante, comme s'ils savaient qu'elle s'était précipitée dans les flots. Invisible, elle embrassa la femme du prince, jeta un sourire à l'époux, puis monta avec les autres enfants de l'air sur un nuage rose qui s'éleva dans le ciel.

LE VILAIN PETIT CANARD.

Que la campagne était belle ! On était au milieu de l'été ; les blés agitaient des épis d'un jaune magnifique, l'avoine était verte, et dans les prairies le foin s'élevait en monceaux odorants ; la cigogne se promenait sur ses longues jambes rouges, en bavardant de l'égyptien, langue qu'elle avait apprise de madame sa mère. Autour des champs et des prairies s'étendaient de grandes forêts coupées de lacs profonds.

Oui vraiment, la campagne était bien belle. Les rayons du soleil éclairaient de tout leur éclat un vieux domaine entouré de larges fossés, et de grandes feuilles de bardane descendaient du mur jusques dans l'eau ; elles étaient si hautes que les petits enfants pouvaient se cacher dessous, et qu'au milieu d'elles on pouvait trouver une solitude aussi sauvage qu'au centre de la forêt. Dans une de ces retraites une cane avait établi son nid et couvait ses œufs ; il lui tardait bien de voir ses petits éclore. Elle ne recevait guère de visites ; car les autres aimaient mieux nager dans les fossés que de venir jusque sous les bardanes pour barboter avec elle.

Enfin les œufs commencèrent à crever les uns après les autres ; on entendait « pi-pip ; » c'étaient les petits canards qui vivaient et tendaient leur cou au dehors.

« Rap-rap, » dirent-ils ensuite en faisant tout le bruit qu'ils pouvaient.

Ils regardaient de tous côtés sous les feuilles vertes, et la mère les laissa faire ; car le vert réjouit les yeux.

« Que le monde est grand ? dirent les petits nouveau-nés à l'endroit même où ils se trouvèrent au sortir de leur œuf.

— Vous croyez donc que le monde finit là ? dit la mère. Oh ! non, il s'étend bien plus loin, de l'autre côté du jardin, jusque dans les champs du curé ; mais je n'y suis jamais allée. Êtes-vous tous

là? continua-t-elle en se levant. Non, le plus gros
œuf n'a pas bougé : Dieu ! que cela dure longtemps !
J'en ai assez. »

Et elle se mit à couver, mais d'un air contrarié.

« Eh bien ! comment cela va-t-il? dit une vieille
cane qui était venue lui rendre visite.

— Il n'y a plus que celui-là que j'ai toutes les
peines du monde à faire crever. Regardez un peu
les autres : ne trouvez-vous pas que ce sont les
plus gentils petits canards qu'on ait jamais vus?
ils ressemblent tous d'une manière étonnante à
leur père ; mais le coquin ne vient pas même me
voir.

— Montrez-moi un peu cet œuf qui ne veut pas
crever, dit la vieille. Ah ! vous pouvez me croire,
c'est un œuf de dinde. Moi aussi j'ai été trompée
une fois comme vous, et j'ai eu toute la peine
possible avec le petit ; car tous ces êtres-là ont
affreusement peur de l'eau. Je ne pouvais parvenir à l'y faire entrer. J'avais beau le happer et
barboter devant lui, rien n'y faisait. Que je le regarde encore : oui, c'est bien certainement un œuf
de dinde. Laissez-le là, et apprenez plutôt aux
autres enfants à nager.

— Non, puisque j'ai déjà perdu tant de temps,
je puis bien rester à couver un jour ou deux de
plus, répondit la cane.

— Comme vous voudrez, » répliqua la vieille;
elle s'en alla.

Enfin le gros œuf creva. « Pi-pip, » fit le petit,
et il sortit. Comme il était grand et vilain! La
cane le regarda et dit : « Quel énorme caneton.
Il ne ressemble à aucun de nous. Serait-ce vraiment un dindon? ce sera facile à voir: il faut qu'il
aille à l'eau, quand je devrais l'y traîner. »

Le lendemain, il faisait un temps magnifique :
le soleil rayonnait sur toutes les vertes bardanes;
la mère des canards se rendit avec toute sa famille au fossé. « Platsh! » et elle sauta dans l'eau.
« Rap-rap, » dit-elle ensuite, et chacun des petits
plongea l'un après l'autre; et l'eau se referma sur
les têtes. Mais bientôt ils reparurent et nagèrent
avec rapidité. Les jambes allaient toutes seules, et
tous se réjouissaient dans l'eau, même le vilain
grand caneton gris.

« Ce n'est pas un dindon, dit-elle. Comme il se
sert habilement de ses jambes, et comme il se
tient droit! C'est mon enfant aussi : il n'est pas si
laid, lorsqu'on le regarde de près. Rap-rap! Venez maintenant avec moi : je vais vous faire faire
votre entrée dans le monde et vous présenter
dans la cour des canards. Seulement ne vous
éloignez pas de moi, pour qu'on ne marche pas
sur vous, et prenez bien garde au chat. »

Ils entrèrent tous dans la cour des canards.

Quel bruit on y faisait! Deux familles s'y disputaient une tête d'anguille, et à la fin ce fut le chat qui l'emporta.

« Vous voyez comme les choses se passent dans le monde, » dit la cane en aiguisant son bec; car elle aussi aurait bien voulu avoir la tête d'anguille. « Maintenant, remuez les jambes, continua-t-elle; tenez-vous bien ensemble et saluez le vieux canard là-bas. C'est le plus distingué de tous ceux qui se trouvent ici. Il est de race espagnole, c'est pour cela qu'il est si gros, et remarquez bien ce ruban rouge autour de sa jambe: c'est quelque chose de magnifique, et la plus grande distinction qu'on puisse accorder à un canard. Cela signifie qu'on ne veut pas le perdre, et qu'il doit être remarqué par les animaux comme par les hommes. Allons, tenez-vous bien; non, ne mettez pas les pieds en dedans: un caneton bien élevé écarte les pieds avec soin; regardez comme je les mets en dehors. Inclinez-vous et dites: « *Rap!* »

Ils obéirent, et les autres canards qui les entouraient les regardaient et disaient tout haut: « Voyez un peu; en voilà encore d'autres, comme si nous n'étions pas déjà assez. Fi, fi donc! Qu'est-ce que ce canet-là? Nous n'en voulons pas. »

Et aussitôt un grand canard vola de son côté, se jeta sur lui et le mordit au cou.

« Laissez-le donc, dit la mère, il ne fait de mal à personne.

— D'accord; mais il est si grand et si drôle, dit l'agresseur, qu'il a besoin d'être battu.

— Vous avez là de beaux enfants, la mère, dit le vieux canard au ruban rouge. Ils sont tous gentils, excepté celui-là; il n'est pas bien venu : je voudrais que vous pussiez le refaire.

— C'est impossible, dit la mère cane. Il n'est pas beau, c'est vrai; mais il a un si bon caractère! et il nage dans la perfection: oui, j'oserais même dire mieux que tous les autres. Je pense qu'il grandira joliment et qu'avec le temps il se formera. Il est resté trop longtemps dans l'œuf, et c'est pourquoi il n'est pas très-bien fait. »

Tandis qu'elle parlait ainsi, elle le tirait doucement par le cou, et lissait son plumage. « Du reste, c'est un canard, et la beauté ne lui importe pas tant. Je crois qu'il deviendra fort et qu'il fera son chemin dans le monde. Enfin, les autres sont gentils; maintenant, mes enfants, faites comme si vous étiez à la maison et si vous trouvez une tête d'anguille, apportez-la-moi. »

Et ils firent comme s'ils étaient à la maison.

Mais le pauvre canet qui était sorti du dernier œuf fut, pour sa laideur, mordu, poussé et bafoué, non-seulement par les canards, mais aussi par les poulets.

« Il est trop grand, » disaient-ils tous, et le coq
d'Inde qui était venu au monde avec des éperons
et qui se croyait empereur, se gonfla comme un
bâtiment toutes voiles dehors, et marcha droit
sur lui en grande fureur et rouge jusqu'aux yeux.
Le pauvre canet ne savait s'il devait s'arrêter ou
marcher : il eut bien du chagrin d'être si laid et
d'être bafoué par tous les canards de la cour.

Voilà ce qui se passa dès le premier jour, et les
choses allèrent toujours de pis en pis. Le pauvre
canet fut chassé de partout : ses sœurs mêmes
étaient méchantes avec lui et répétaient continuellement : « Que ce serait bien fait si le chat
t'emportait, vilaine créature ! » Et la mère disait :
« Je voudrais que tu fusses bien loin. » Les canards le mordaient, les poulets le battaient, et la
bonne qui donnait à manger aux bêtes le repous-
sait du pied.

Alors il se sauva et prit son vol par-dessus la
haie. Les petits oiseaux dans les buissons s'envolèrent de frayeur. « Et tout cela, parce que je suis
vilain, » pensa le caneton. Il ferma les yeux et
continua son chemin. Il arriva ainsi au grand
marécage qu'habitaient les canards sauvages. Il
s'y coucha pendant la nuit, bien triste et bien
fatigué.

Le lendemain, lorsque les canards sauvages se
levèrent, ils aperçurent leur nouveau camarade.

« Qu'est-ce que c'est que cela? » dirent-ils : le canet se tourna de tous côtés et salua avec toute la
grâce possible.

» Tu peux te flatter d'être énormément laid !
dirent les canards sauvages; mais cela nous est
égal, pourvu que tu n'épouses personne de notre
famille. »

Le malheureux! est-ce qu'il pensait à se marier,
lui qui ne demandait que la permission de coucher dans les roseaux et de boire de l'eau du marécage?

Il passa ainsi deux journées. Alors arrivèrent
dans cet endroit deux jars sauvages. Ils n'avaient
pas encore beaucoup vécu; aussi étaient-ils très-
insolents.

« Écoute, camarade, dirent ces nouveaux venus;
tu es si vilain que nous serions contents de t'avoir
avec nous. Veux-tu nous accompagner et devenir
un oiseau de passage? Ici tout près, dans l'autre
marécage, il y a des oies sauvages charmantes,
presque toutes demoiselles, et qui savent bien
chanter. Qui sait si tu n'y trouverais pas le bonheur, malgré ta laideur affreuse ! »

Tout à coup on entendit « pif, paf! » et les deux
jars sauvages tombèrent morts dans les roseaux,
et l'eau devint rouge comme du sang.

« Pif, paf! » et des troupes d'oies sauvages s'envolèrent des roseaux. Et on entendit encore des

coups de fusil. C'était une grande chasse; les
chasseurs s'étaient couchés tout autour du marais; quelques-uns s'étaient même postés sur des
branches d'arbres qui s'avançaient au-dessus des
joncs. Une vapeur bleue semblable à de petits
nuages sortait des arbres sombres et s'étendait
sur l'eau; puis les chiens arrivèrent au marécage : « platsh, platsh; » et les joncs et les roseaux
se courbaient de tous côtés. Quelle épouvante
pour le pauvre caneton! il plia la tête pour la
cacher sous son aile; mais en même temps il
aperçut devant lui un grand chien terrible : sa
langue pendait hors de sa gueule, et ses yeux fa-
rouches étincelaient de cruauté. Le chien tourna
la gueule vers le caneton, lui montra ses dents
pointues et, « platsh, platsh, » il alla plus loin
sans le toucher.

« Dieu merci! soupira le canard; je suis si vilain
que le chien lui-même dédaigne de me mordre! »

Et il resta ainsi en silence, pendant que le
plomb sifflait à travers les joncs et que les coups
de fusil se succédaient sans relâche.

Vers la fin de la journée seulement, le bruit
cessa; mais le pauvre petit n'osa pas encore se lever. Il attendit quelques heures, regarda autour
de lui, et se sauva du marais aussi vite qu'il put.
Il passa au-dessus des champs et des prairies;
une tempête furieuse l'empêcha d'avancer.

Sur le soir, il arriva à une misérable cabane de paysan, si vieille et si ruinée qu'elle ne savait pas de quel côté tomber : aussi restait-elle debout. La tempête soufflait si fort autour du caneton qu'il fut obligé de s'arrêter et de s'accrocher à la cabane : tout allait de mal en pis.

Alors il remarqua qu'une porte avait quitté ses gonds et lui permettait, par une petite ouverture, de pénétrer dans l'intérieur : c'est ce qu'il fit.

Là demeurait une vieille femme avec son matou et avec sa poule ; et le matou, qu'elle appelait son petit-fils, savait arrondir le dos et filer son rouet : il savait même lancer des étincelles, pourvu qu'on lui frottât convenablement le dos à rebrousse-poil. La poule avait des jambes fort courtes, ce qui lui avait valu le nom de Courte-Jambe. Elle pondait des œufs excellents, et la bonne femme l'aimait comme une fille.

Le lendemain on s'aperçut de la présence du caneton étranger. Le matou commença à gronder, et la poule à glousser.

« Qu'y a-t-il ? » dit la femme en regardant autour d'elle. Mais, comme elle avait la vue basse, elle crut que c'était une grosse cane qui s'était égarée. « Voilà une bonne prise, dit-elle : j'aurai maintenant des œufs de cane. Pourvu que ce ne soit pas un canard ! Enfin, nous verrons. »

Elle attendit pendant trois semaines ; mais les

œufs ne vinrent pas. Dans cette maison, le matou était le maître et la poule la maîtresse ; aussi ils avaient l'habitude de dire : « Nous et le monde ; » car ils croyaient faire à eux seuls la moitié et même la meilleure moitié du monde. Le caneton se permit de penser que l'on pouvait avoir un autre avis ; mais cela fâcha la poule.

« Sais-tu pondre des œufs ? demanda-t-elle.

— Non.

— Eh bien ! alors, tu auras la bonté de te taire. »

Et le matou le questionna à son tour : « Sais-tu faire le gros dos ? sais-tu filer ton rouet et faire jaillir des étincelles ?

— Non.

— Alors tu n'as pas le droit d'exprimer une opinion, quand les gens raisonnables causent ensemble. »

Et le caneton se coucha tristement dans un coin ; mais tout à coup un air vif et la lumière du soleil pénétrèrent dans la chambre, et cela lui donna une si grande envie de nager dans l'eau qu'il ne put s'empêcher d'en parler à la poule.

« Qu'est-ce donc ? dit-elle. Tu n'as rien à faire, et voilà qu'il te prend des fantaisies. Ponds des œufs ou fais ron-ron, et ces caprices te passeront.

— C'est pourtant bien joli de nager sur l'eau, dit le petit canard ; quel bonheur de la sentir se refermer sur sa tête et de plonger jusqu'au fond !

— Ce doit être un grand plaisir, en effet! répondit la poule. Je crois que tu es devenu fou. Demande un peu à Minet, qui est l'être le plus raisonnable que je connaisse, s'il aime à nager ou à plonger dans l'eau. Demande même à notre vieille maîtresse : personne dans le monde n'est plus expérimenté; crois-tu qu'elle ait envie de nager et de sentir l'eau se refermer sur sa tête?

— Vous ne me comprenez pas.

— Nous ne te comprenons pas? mais qui te comprendrait donc? Te croirais-tu plus instruit que Minet et notre maîtresse?

— Je ne veux pas parler de moi.

— Ne t'en fais pas accroire, enfant, mais remercie plutôt le créateur de tout le bien dont il t'a comblé. Tu es arrivé dans une chambre bien chaude, tu as trouvé une société dont tu pourrais profiter, et tu te mets à raisonner jusqu'à te rendre insupportable. Ce n'est vraiment pas un plaisir de vivre avec toi. Crois-moi, je te veux du bien; je te dis sans doute des choses désagréables; mais c'est à cela que l'on reconnaît ses véritables amis. Suis mes conseils, et tâche de pondre des œufs ou de faire ron-ron.

— Je crois qu'il me sera plus avantageux de faire mon tour dans le monde, répondit le canard.

— Comme tu voudras, » dit le poulet.

Et le canard s'en alla nager et se plonger dans

l'eau; mais tous les animaux le méprisèrent à cause de sa laideur.

L'automne arriva, les feuilles de la forêt devinrent jaunes et brunes : le vent les saisit et les fit voltiger. En haut, dans les airs, il faisait bien froid; des nuages lourds pendaient, chargés de grêle et de neige. Sur la haie le corbeau croassait tant il était gelé : rien que d'y penser, on grelottait. Le pauvre caneton n'était, en vérité, pas à son aise.

Un soir que le soleil se couchait glorieux, toute une foule de grands oiseaux superbes sortit des buissons; le canet n'en avait jamais vu de semblables : ils étaient d'une blancheur éblouissante, ils avaient le cou long et souple. C'étaient des cygnes. Le son de leur voix était tout particulier : ils étendirent leurs longues ailes éclatantes pour aller loin de cette contrée chercher dans les pays chauds des lacs toujours ouverts. Ils montaient si haut, si haut, que le vilain petit canard en était étrangement affecté; il tourna dans l'eau comme une roue, il dressa le cou et le tendit en l'air vers les cygnes voyageurs, et poussa un cri si perçant et si singulier qu'il se fit peur à lui-même. Il lui était impossible d'oublier ces oiseaux magnifiques et heureux; aussitôt qu'il cessa de les apercevoir, il plongea jusqu'au fond, et, lorsqu'il remonta à la surface, il était comme hors de

lui. Il ne savait comment s'appelaient ces oiseaux,
ni où ils allaient ; mais cependant il les aimait
comme il n'avait encore aimé personne. Il n'en
était pas jaloux ; car comment aurait-il pu avoir
l'idée de souhaiter pour lui-même une grâce si
parfaite? Il aurait été trop heureux, si les canards avaient consenti à le supporter, le pauvre
être si vilain !

Et l'hiver devint bien froid, bien froid ; le caneton nageait toujours à la surface de l'eau pour
l'empêcher de se prendre tout à fait ; mais chaque
nuit le trou dans lequel il nageait se rétrécissait
davantage. Il gelait si fort qu'on entendait la glace
craquer ; le canet était obligé d'agiter continuellement les jambes pour que le trou ne se fermât
pas autour de lui. Mais enfin il se sentit épuisé de
fatigue ; il ne remuait plus et fut saisi par la
glace.

Le lendemain matin, un paysan vint sur le bord
et vit ce qui se passait ; il s'avança, rompit la glace
et emporta le canard chez lui pour le donner à
sa femme. Là, il revint à la vie.

Les enfants voulurent jouer avec lui ; mais le
caneton, persuadé qu'ils allaient lui faire du mal,
se jeta de peur au milieu du pot au lait, si bien
que le lait rejaillit dans la chambre. La femme
frappa ses mains l'une contre l'autre de colère, et
lui, tout effrayé, se réfugia dans la baratte, et de

là dans la huche à farine, puis de là prit son vol
au dehors.

Dieu! quel spectacle! la femme criait, courait
après lui, et voulait le battre avec les pincettes;
les enfants s'élancèrent sur le tas de fumier pour
attraper le caneton. Ils riaient et poussaient des
cris : ce fut un grand bonheur pour lui d'avoir
trouvé la porte ouverte et de pouvoir ensuite se
glisser entre des branches, dans la neige; il s'y
blottit tout épuisé.

Il serait trop triste de raconter toute sa misère
et toutes les souffrances qu'il eut à supporter
pendant cet hiver rigoureux.

Il était couché dans le marécage entre les joncs,
lorsqu'un jour le soleil commença à reprendre
son éclat et sa chaleur. Les alouettes chantaient.
Il faisait un printemps délicieux.

Alors tout à coup le caneton put se confier à
ses ailes, qui battaient l'air avec plus de vigueur
qu'autrefois, assez fortes pour le transporter au
loin. Et bientôt il se trouva dans un grand jardin
où les pommiers étaient en pleine floraison, où le
sureau répandait son parfum et penchait ses longues branches vertes jusqu'aux fossés. Comme
tout était beau dans cet endroit! Comme tout respirait le printemps!

Et des profondeurs du bois sortirent trois cygnes blancs et magnifiques.

Ils battaient des ailes et nagèrent sur l'eau. Le canet connaissait ces beaux oiseaux : il fut saisi d'une tristesse indicible.

« Je veux aller les trouver, ces oiseaux royaux; ils me tueront, pour avoir osé, moi, si vilain, m'approcher d'eux; mais cela m'est égal; mieux vaut être tué par eux que d'être mordu par les canards, battu par les poules, poussé du pied par la fille de basse-cour, et que de souffrir les misères de l'hiver. »

Il s'élança dans l'eau et nagea à la rencontre des cygnes. Ceux-ci l'aperçurent et se précipitèrent vers lui les plumes soulevées. « Tuez-moi, » dit le pauvre animal; et, penchant la tête vers la surface de l'eau, il attendait la mort.

Mais que vit-il dans l'eau transparente? Il vit sa propre image au-dessous de lui : ce n'était plus un oiseau mal fait, d'un gris noir, vilain et dégoûtant, il était lui-même un cygne !

Il n'y a pas de mal à être né dans une basse-cour lorsqu'on sort d'un œuf de cygne.

Maintenant il se sentait heureux de toutes ses souffrances et de tous ses chagrins; maintenant pour la première fois il goûtait tout son bonheur en voyant la magnificence qui l'entourait, et les grands cygnes nageaient autour de lui et le caressaient de leur bec.

De petits enfants vinrent au jardin et jetèrent

du pain et du grain dans l'eau, et le plus petit
d'entre eux s'écria : « En voilà un nouveau ! » et
les autres enfants poussèrent des cris de joie :
« Oui, oui ! c'est vrai ; il y en a encore un nouveau. », Et ils dansaient sur les bords, puis battaient des mains ; et ils coururent à leur père et
à leur mère, et revinrent encore jeter du pain et

du gâteau, et ils dirent tous : « Le nouveau est le
plus beau ! Qu'il est jeune ! qu'il est superbe ! »

Et les vieux cygnes s'inclinèrent devant lui.

Alors, il se sentit honteux, et cacha sa tête sous
son aile ; il ne savait comment se tenir, car c'était
pour lui trop de bonheur. Mais il n'était pas fier.
Un bon cœur ne le devient jamais. Il songeait à
la manière dont il avait été persécuté et insulté
partout, et voilà qu'il les entendait tous dire qu'il

éttait le plus beau de tous ces beaux oiseaux! Et
le sureau même inclinait ses branches vers lui, et
le soleil répandait une lumière si chaude et si
biienfaisante! Alors ses plumes se gonflèrent, son
cœu élancé se dressa, et il s'écria de tout son cœur :
« Comment aurais-je pu rêver tant de bonheur,
pendant que je n'étais qu'un vilain petit canard. »

LES CYGNES SAUVAGES.

Bien loin d'ici, là où s'envolent les hirondelles lorsque l'hiver arrive chez nous, demeurait un roi qui avait onze fils et une fille appelée Élisa. Les onze frères, tous princes, allaient à l'école, la poitrine ornée d'une large décoration et l'épée au côté. Ils écrivaient avec des crayons de diamant sur des tablettes d'or, et ils savaient réciter par cœur d'une manière parfaite; enfin tout chez eux annonçait qu'ils étaient des princes.

Leur sœur Élisa, assise sur un petit banc de cristal, s'amusait à regarder un livre d'images dont le prix égalait celui de la moitié du royaume.

Oui, ces enfants étaient bienheureux, mais ce bonheur ne devait pas durer toujours.

Leur père, qui était roi de tout le pays, épousa en secondes noces une méchante reine qui n'avait guère à cœur le bonheur des enfants. Dès le premier jour ils s'en aperçurent. Il y avait fête au château; les enfants jouaient et beaucoup d'étrangers affluaient; mais au lieu de donner aux enfants, comme à l'ordinaire, des gâteaux et des pommes rôties, elle leur fit servir du sable dans une tasse de thé, en disant qu'ils pouvaient faire comme si c'était quelque chose de bon.

La semaine suivante, elle envoya la petite Élisa à la campagne, chez des paysans; et, quelque temps après, elle dit tant de vilaines choses au roi sur le compte des pauvres princes, qu'il ne s'inquiétait plus d'eux.

« Envolez-vous par le monde, et tirez-vous d'affaires vous-mêmes, dit la méchante reine. Envolez-vous comme de grands oiseaux sans voix. »

Mais elle ne put leur faire autant de mal qu'elle aurait voulu, car ils se changèrent en onze magnifiques cygnes sauvages. Ils poussèrent un cri bizarre et s'élevèrent au-dessus du parc et de la forêt.

Le lendemain matin, ils passèrent devant la maison où leur sœur Élisa était couchée et dormait dans la chambre du paysan. Ils planèrent sur le toit, tendirent leur long cou et battirent des ailes. Mais personne ne les entendit ni ne les aperçut. Puis ils regagnèrent les nuages, s'envolèrent par le monde, et ne s'arrêtèrent que dans une grande forêt sombre qui s'étendait jusqu'au bord de la mer.

La pauvre petite Élisa jouait dans la chambre du paysan avec une feuille verte, car elle n'avait point d'autre joujou. Elle y fit un trou, et regarda au travers du côté du soleil. Elle crut apercevoir au loin les yeux brillants de ses frères ; et, chaque fois qu'elle sentait sur ses joues les rayons de l'astre éblouissant, c'était pour elle comme si ses frères la couvraient de baisers.

Ainsi se passa un jour après l'autre. Si le vent agitait les grandes haies de roses plantées devant la maison, il leur soufflait : « Qu'y a-t-il au monde de plus joli que vous? » Mais les roses secouaient la tête et répondaient : « La petite Élisa. » Le dimanche, lorsque la vieille était assise devant sa porte, lisant son livre de prières, le vent tournait les feuilles et disait au livre : « Qui peut être plus pieux que vous? » Le livre de prières répondait : « La petite Élisa; » et lui, comme les roses, disait la vérité.

Ayant atteint l'âge de quinze ans, Élisa retourna au château. La reine, voyant sa beauté, se mit fort en colère et conçut pour elle une haine terrible. Elle aurait bien voulu la changer, comme ses frères, en cygne sauvage ; mais elle ne l'osait pas encore; car le roi avait grand désir de voir sa fille.

Le lendemain matin, la reine se rendit à la salle de bain, qui était construite de marbre, ornée de coussins moelleux et de tapis magnifiques. Là, elle prit trois crapauds, déposa un baiser sur chacun d'eux, et dit à l'un : « Place-toi sur la tête d'Élisa, lorsqu'elle viendra au bain, afin qu'elle devienne aussi stupide que toi. » — Place-toi sur son front, dit-elle à l'autre, afin qu'elle devienne aussi laide

que toi, et que son père ne puisse la reconnaître. » — Pose-toi sur son cœur, souffla-t-elle au troisième, et rends-la tellement méchante, qu'elle en ait beaucoup de tourment. »

Ensuite elle jeta les crapauds dans l'eau claire,

qui aussitôt devint verdâtre, appela Élisa, la déshabilla et l'y plongea.

A l'instant même un des crapauds se plaça sur ses cheveux, l'autre sur son front, et le troisième sur son cœur; mais Élisa ne parut pas s'en apercevoir. Lorsqu'elle se leva, trois fleurs rouges de pavot apparurent à la surface de l'eau. Si les animaux n'avaient pas été venimeux et embrassés par la sorcière, c'est en roses gracieuses qu'ils eussent été changés. Ils étaient devenus fleurs en touchant la tête et le cœur de la jeune fille, car elle était trop pieuse et trop innocente pour que la magie pût exercer sur elle aucune influence.

La méchante reine, voyant ses maléfices impuissants, se mit à frotter la jeune fille avec du jus de noix, ce qui lui rendit la peau toute noire. Puis elle enduisit son charmant visage d'un onguent fétide et embrouilla sa belle chevelure, de sorte qu'il était impossible de la reconnaître.

Aussi son père, en la voyant, s'effraya et dit que ce n'était pas là sa fille. Il n'y avait personne qui la reconnût, excepté le chien de garde et les hirondelles; mais que pouvaient dire en sa faveur ces pauvres animaux?

Alors Élisa pleura et pensa à ses onze frères qui tous étaient absents. Profondément affligée, elle s'échappa du château, traversa les champs et les marais, et s'enfonça dans une vaste forêt. Elle ne savait pas où elle voulait aller; son unique désir était de retrouver ses frères, qui sans doute, comme elle, avaient été chassés dans le monde.

La nuit arriva bientôt. La jeune fille avait perdu son chemin; épuisée de fatigue, elle se coucha sur le gazon moelleux, fit sa prière du soir et appuya sa tête sur un tronc d'arbre. Partout régnait un profond silence; l'air était doux, et plus de cent vers luisants brillaient dans l'herbe et sur la mousse, comme de petits feux verdâtres. Elle toucha de sa main une branche, et ces insectes brillants tombèrent sur elle comme des étoiles filantes. Toute la nuit, Élisa rêva de ses frères, qu'elle voyait jouer comme des enfants, écrire avec leurs crayons de diamant sur des tablettes d'or et feuilleter le magnifique livre d'images qui valait la moitié du royaume. Mais, au lieu d'écrire sur les tablettes, comme autrefois, des zéros et des lignes, ils y traçaient maintenant les actions les plus courageuses, par lesquelles ils s'étaient distingués, et tout ce qu'ils avaient vu et éprouvé. Dans le livre d'images, tout était vivant : les oiseaux chantaient, et les personnages quittaient leur place pour venir parler à Élisa et à ses frères. Mais aussitôt qu'elle tournait la feuille, ils rentraient promptement dans leur cadre, pour qu'il n'y eût point de confusion dans les images.

En se réveillant, Élisa remarqua que le soleil

était levé depuis longtemps ; elle ne put néanmoins
le voir, à cause des grands arbres qui étendaient
leurs branches sur sa tête. Mais ses rayons les
perçaient, semblables à une gaze d'or soulevée
par le vent. La verdure répandit un parfum délicieux, et les oiseaux venaient se poser sur les
épaules de la jeune fille.

Elle entendait murmurer l'eau qui coulait de
plusieurs grandes sources et se rendait dans un
lac dont le fond était du sable le plus fin. Bien
qu'entouré d'épaisses broussailles, ce lac était ac-
cessible par un endroit où les cerfs avaient pratiqué une large ouverture. C'est par cette ouverture
qu'Élisa arriva au bord de cette eau, tellement
limpide que, si le vent n'avait pas agité les branches et les buissons, elle les aurait crus peints au
fond.

Dès qu'elle aperçut sa propre figure si noire et
si laide, elle recula d'horreur ; mais lorsqu'elle eut
mouillé sa petite main et frotté ses yeux et son
front, la blancheur de sa peau reparut aussitôt.
Puis, quittant ses vêtements, elle se baigna dans
l'eau fraîche. Jamais fille de roi n'avait été plus
belle qu'elle.

S'étant rhabillée et ayant formé une tresse de
ses longs cheveux, Élisa se rendit près d'une source
jaillissante, but dans le creux de sa main, et s'enfonça dans la forêt, sans savoir où elle allait.

Elle pensait à ses frères et au bon Dieu, qui certes ne l'abandonnerait pas, lui qui fait croître les pommiers sauvages pour satisfaire la faim de l'homme fugitif. Il lui fit découvrir un de ces arbres, dont les branches pliaient sous le poids de leurs fruits; et elle s'y arrêta pour prendre son dîner. Puis elle pénétra dans la partie la plus sombre de la forêt. Là, le silence était si profond, qu'elle entendait le bruit de son pas léger, le froissement de chaque feuille sèche qui se rencontrait sous ses pieds. On ne voyait pas un seul oiseau, et pas un rayon de soleil ne pouvait pénétrer à travers les branches longues et épaisses. Les troncs des arbres se rapprochaient tellement, qu'en regardant devant elle, elle aurait pu se croire entourée d'une quantité de grilles formées par des poutres. C'était une solitude dont elle n'avait jamais eu l'idée.

La nuit devint d'une profonde obscurité; aucun petit ver luisant ne brillait plus sur la mousse; la tristesse dans l'âme, Élisa se coucha et ne tarda pas à s'endormir. Pendant son sommeil, il lui sembla que les branches s'écartaient au-dessus d'elle, et que le bon Dieu, entouré de petits anges gracieux, jetait sur elle un regard doux et pénétrant.

En s'éveillant, elle ne savait pas si tout cela était un rêve ou une réalité. Elle continua son chemin et rencontra une vieille femme portant un

panier rempli de fruits, et qui lui en offrit quelques-uns. Élisa lui demanda si elle n'avait pas vu
onze princes à cheval traverser la forêt.

« Non, répondit la vieille : mais j'ai vu hier onze
cygnes, avec des couronnes d'or sur la tête, nager
dans un lac près d'ici. »

Elle conduisit la jeune fille à une pente au pied
de laquelle serpentait un ruisseau ; les bords
étaient couverts de grands arbres qui entrelaçaient
leurs branches et les laissaient pencher sur l'eau.
Élisa dit adieu à la vieille, et chemina le long du
ruisseau jusqu'à l'endroit où il se jetait dans un
grand bassin.

Maintenant la mer s'étendait dans toute sa magnificence devant les yeux de la jeune fille ; mais
aucune voile, aucun bateau ne s'y faisait voir qui
pût la porter plus loin. Elle regarda sur le rivage
les innombrables petites pierres arrondies par
l'eau. Le verre, le fer, les cailloux, tout avait reçu
la même forme, quoique l'eau fût encore plus légère que la main délicate de la jeune fille.

« Ces petits objets roulent continuellement, disait-
elle ; c'est ainsi que tout ce qui est dur devient
poli. Moi aussi je serai infatigable. Merci de votre
leçon, flots limpides et mobiles ; mon cœur me
prédit qu'un jour vous me porterez auprès de mes
frères chéris. »

Sur le goëmon rejeté par la mer, se trouvaient

onze plumes de cygnes blancs arrosées de quelques gouttes d'eau ; était-ce de la rosée ou des larmes? Nul ne pouvait le savoir. Élisa les ramassa et en fit un bouquet. Elle ne semblait pas s'apercevoir de la solitude du rivage ; car la mer, par ses variations perpétuelles, offrait en quelques heures un spectacle plus intéressant que celui de plusieurs lacs pendant toute une année. Chaque fois qu'apparaissait quelque grand nuage noir, la mer semblait dire : « Moi aussi, je peux prendre cet aspect. » Alors le vent agitait les flots, et ils se couvraient d'une blanche écume. Si, au contraire, les nuages étaient rouges et le vent calme, la mer ressemblait à une feuille de rose, elle devenait tantôt verte, tantôt blanche. Au milieu du plus grand calme, un léger mouvement se faisait cependant sentir au rivage, et l'eau s'y soulevait doucement, comme la poitrine d'un enfant endormi.

Au coucher du soleil, Élisa aperçut onze cygnes sauvages avec des couronnes d'or sur la tête, qui s'approchaient de la côte. Ils volaient l'un derrière l'autre comme un long ruban blanc. A cette vue, elle gravit la pente et se cacha derrière un buisson. Bientôt les cygnes se posèrent auprès d'elle en battant de leurs grandes ailes blanches.

Au moment où le soleil disparut derrière l'eau, le plumage des oiseaux tomba, et ils devinrent

onze beaux princes, les frères d'Élisa. Elle poussa
un cri en les reconnaissant ; elle se jeta dans leurs
bras, en les appelant par leurs noms. Eux aussi
furent bien heureux de retrouver leur petite sœur
si grande et si embellie ; ils riaient et pleuraient
tour à tour, et ils comprirent bientôt qu'ils étaient
tous victimes de la méchanceté de leur belle-
mère.

« Nous volons, dit l'aîné, sous l'apparence de
cygnes sauvages, tant que le soleil brille dans le
ciel ; mais, dès qu'il a disparu, nous reprenons la
forme humaine. C'est pourquoi nous devons toujours au coucher du soleil chercher un point d'appui pour nos pieds ; car, en continuant à voler
vers les nuages, nous retomberions comme des
hommes dans l'abîme. Nous ne demeurons pas
dans cet endroit ; nous habitons, au delà de la
mer, un pays aussi beau que celui-ci, mais la route
est bien longue ; pour y arriver il faut que nous
traversions la vaste mer, sans trouver aucune île
où nous puissions passer la nuit. Un seul rocher,
étroit et solitaire, où nous tenons à peine, serrés
les uns contre les autres, s'élève au milieu des
flots. Lorsque la mer est grosse, nous sommes
parfois couverts par les vagues ; et cependant nous
remercions Dieu de cet asile. Là, nous passons la
nuit sous forme humaine. C'est le seul moyen qui
nous reste de revoir notre chère patrie, car il

nous faut, pour faire notre traversée, les deux
plus longs jours de l'année. Il ne nous est permis
de visiter notre pays natal qu'une fois par an;
pendant onze jours nous pouvons rester ici, et
alors nous nous élevons au-dessus de la grande
forêt, d'où nous apercevons le château qui nous a
vus naître, et où réside notre père, la haute tour
de l'église où notre mère a été enterrée. Les arbres et les buissons semblent être nos parents;
les chevaux sauvages courent dans les prairies,
comme du temps de notre enfance; les charbon-
niers y entonnent encore les vieilles chansons que
nous écoutions avec tant de plaisir; enfin, c'est ici
notre patrie, vers laquelle nous tendons toujours,
et où nous venons de te retrouver, bonne petite
sœur. Nous avons encore deux jours à rester;
puis il faudra partir pour un pays magnifique,
mais qui n'est pas notre patrie. Comment t'emmener par delà la mer? Nous n'avons ni vaisseau
ni barque.

— Que pourrais-je faire pour vous sauver? »
dit la sœur. Et ils s'entretinrent presque toute
la nuit sur les moyens d'accomplir leur déli-
vrance, ne donnant que quelques heures au
sommeil.

Élisa fut réveillée par le bruit des ailes des
cygnes qui s'envolaient au-dessus d'elle. Ses frères, transformés de nouveau, s'éloignaient en tra-

çant de grands cercles dans les airs. L'un d'eux seulement, le plus jeune, resta auprès d'elle. Il posa sa tête dans le giron de la pauvre fille, qui caressait ses blanches ailes, et ils passèrent ainsi toute la journée ensemble. Après ce soir, les au-

tres revinrent, et, lorsque le soleil se fut couché, ils reprirent leur figure naturelle.

« Demain nous partons, dit l'aîné, et nous ne reviendrons qu'au bout d'un an. Nous ne voudrions pas te laisser ici; as-tu assez de courage pour nous suivre? Mon bras est assez fort pour te porter à travers la forêt, donc nos ailes réunies auront assez de force pour t'emporter au delà de la mer.

Oui, emmenez-moi, » dit Élisa.

Les frères passèrent toute la nuit à tresser un filet avec l'écorce flexible du saule et les tiges du jonc. Élisa fut placée dedans, et, lorsque le soleil reparut, les frères, redevenus des cygnes sauvages, prirent le filet dans leurs becs et s'envolèrent jusqu'aux nuages avec leur sœur bien-aimée encore endormie. Comme les rayons du soleil tombaient d'aplomb sur sa figure, l'un des cygnes vola au-dessus de sa tête pour l'ombrager de ses larges ailes.

Lorsqu'Élisa se réveilla, les cygnes étaient déjà loin de la terre; elle croyait rêver encore, tant il lui paraissait extraordinaire d'être ainsi portée au-dessus de la mer, si haut à travers les airs. Près d'elle se trouvait une branche chargée de fruits délicieux et un paquet de racines exquises, que le plus jeune de ses frères lui avait préparés. Aussi elle lui souriait avec reconnaissance, car elle avait reconnu que c'était lui qui volait au-dessus de sa tête, en l'ombrageant de ses ailes.

Les cygnes s'élevèrent si haut que le premier navire qu'ils aperçurent au-dessous d'eux leur parut une petite mouette sur l'eau. Derrière eux

était un grand nuage semblable à une montagne:
Élisa y vit son ombre et celle des onze cygnes,
grandes comme des géants. C'était le tableau le
plus admirable qu'elle eût jamais contemplé;
mais, dès que le soleil se fut élevé davantage dans
le ciel, cette image flottante s'évanouit.

Comme une flèche qui fend les airs, les onze
cygnes volèrent toute la journée, plus lentement
néanmoins qu'à l'ordinaire, puisqu'ils portaient
leur sœur. Le temps devint mauvais, et la nuit
approchait; Élisa vit avec inquiétude le soleil s'incliner vers l'horizon, sans apercevoir encore le
rocher solitaire au milieu des flots. Il lui sembla
aussi que les cygnes agitaient leurs ailes avec
beaucoup plus d'efforts. Hélas! c'était elle qui les
retardait; le soleil couché, ils redeviendraient
hommes: tomberaient dans la mer et se noieraient.
Elle adressa du fond du cœur une prière au bon
Dieu, mais le rocher n'apparut pas encore. Le
nuage noir s'approchait de plus en plus; le vent
annonçait une tempète, le tonnerre grondait, et un
éclair suivait l'autre.

Déjà le soleil touchait à la mer, le cœur de la
jeune fille palpitait. Les cygnes descendaient si
rapidement, qu'elle croyait tomber; mais bientôt
ils reprirent leur vol. Le soleil était à moitié plongé dans l'eau lorsqu'elle aperçut le petit rocher,
pas plus gros qu'un chien de mer qui montre sa

tête au-dessus de l'eau. Le soleil ne ressemblait
plus qu'à une simple étoile, quand elle posa les
pieds sur le roc; et, lorsqu'il s'éteignit tout à fait,
comme la dernière étincelle d'un papier enflammé,
elle vit ses frères autour d'elle, se tenant tous
par la main. Il ne restait pas la moindre petite
place vide. Les vagues battaient le rocher, et passaient sur leurs têtes comme une averse; le ciel
était en feu, le tonnerre grondait sans cesse. Mais
la sœur et les frères, se tenant toujours par la
main, entonnèrent un psaume, afin de reprendre
courage et de se consoler.

A l'aube du jour, l'air devint calme et pur. Les
cygnes s'envolèrent avec Élisa au moment où le
soleil parut. La mer était encore agitée; vue du
haut des airs, sa blanche écume ressemblait à des
milliers de cygnes bercés par les vagues.

Peu de temps après Élisa aperçut devant elle
un pays montagneux qui semblait flotter dans
l'air. Au milieu de brillants glaciers et de rochers
escarpés, un château long s'élevait entouré de galeries superposées. Au pied de ce château s'étendaient des forêts de palmiers et poussaient des
fleurs magnifiques, aussi grandes que les roues
d'un moulin. La jeune fille demanda si c'était là
le pays où ils se rendaient; mais les cygnes se-
couèrent la tête pour dire non, car ce palais admirable, changeant continuellement d'aspect, n'é-

tait que la résidence de la fée Morgane. Jamais
homme n'en avait franchi le seuil. Pendant qu'É-
lisa considérait ce spectacle, les montagnes, les
forêts et le château s'écroulèrent tout à coup, et
à leur place apparurent vingt églises superbes,
toutes pareilles, avec leurs hautes tours et leurs
fenêtres en ogive. Elle s'imagina entendre la musique de l'orgue, mais ce n'était que la musique
des vagues. Elle était déjà tout près de ces églises,
lorsque subitement elle les vit se transformer en
une flotte complète qui naviguait au-dessous d'elle.
Un moment après, il ne restait plus qu'un brouillard planant sur les eaux.

Enfin elle découvrit le pays où ils devaient se
rendre. C'étaient des montagnes bleues avec des
forêts de cèdres, des villes et des châteaux. Longtemps avant le coucher du soleil, elle se trouvait
assise sur un rocher, devant une grande caverne
entourée de plantes rampantes qui ressemblaient
à des tapis brodés.

« Maintenant nous allons voir ce que tu rêveras
cette nuit, dit le plus jeune des frères en montrant
à Élisa sa chambre à coucher.

— Puissé-je rêver des moyens de vous venir en
aide! » répondit-elle; et, cette pensée l'absorbant
tout entière, elle se mit à invoquer l'appui du bon
Dieu; jusque dans son sommeil, elle ne cessa de
prier.

Soudain, elle se crut enlevée bien haut dans les airs, jusqu'au palais nébuleux de la reine Morgane. La fée elle-même venait à sa rencontre, et, malgré sa beauté et sa splendeur, elle ressemblait à la vieille femme qui lui avait donné des fruits dans la forêt et lui avait parlé des onze cygnes aux couronnes d'or.

« Tes frères pourront être délivrés, dit la fée, mais il te faudra du courage et de la persévérance. Il est vrai que l'eau, plus légère que tes mains délicates, arrondit les pierres dures, mais elle ne ressent pas les douleurs que ressentiront tes doigts ; elle n'a pas de sensibilité et ne subit pas les tourments que tu endureras. Vois-tu l'ortie que je tiens à la main ? Il en pousse beaucoup de pareilles autour de la caverne où tu dors, mais celles qui viennent sur les tombes du cimetière sont les seules bonnes. N'oublie rien de ce que je te dis : tu les cueilleras, quoique ta peau, en les touchant, se couvre d'ampoules ; tu les écraseras ensuite sous tes pieds pour en faire de la filasse avec laquelle tu tisseras onze tuniques à manches longues. Jette ces tuniques sur les onze cygnes sauvages, et le charme sera rompu. Mais rappelle-toi bien que, depuis le moment où tu auras commencé ce travail jusqu'à celui où il sera terminé, dût-il durer plusieurs années, il te faudra garder un silence absolu. Le premier mot sorti de ta bouche atteindrait le cœur de tes frères comme un poignard mortel. Ainsi, leur vie dépend de ta langue; n'oublie rien de mes avertissements. »

En même temps elle toucha de son ortie la main d'Élisa, qui se réveilla tout à coup, comme brûlée par le feu. Il faisait grand jour, et, près de l'endroit où elle avait dormi, se trouvait une ortie toute pareille à celle qu'elle avait vue dans son rêve. Alors la jeune fille se mit à genoux, remercia le bon Dieu, et sortit de la caverne pour commencer son travail.

Elle saisit de ses mains délicates les vilaines orties brûlantes et supporta volontiers la douleur pour sauver ses frères chéris. Elle écrasa ensuite chaque tige d'ortie avec ses pieds nus, et en fit de la filasse verte.

Dès que le soleil fut couché, les frères arrivèrent. Ils eurent grand'peur en retrouvant leur sœur tout à fait muette, et ils crurent d'abord que c'était un nouveau sortilége de leur belle-mère. Mais en apercevant ses mains, ils comprirent ce qu'elle faisait pour eux; le plus jeune se mit à verser des larmes sur elle, et, partout où tombèrent ses larmes, la douleur cessa et les ampoules disparurent.

Élisa passa toute la nuit à travailler, ne voulant prendre aucun repos avant d'avoir délivré ses frères.

Le lendemain, pendant l'absence des cygnes, elle resta dans sa solitude ; cependant jamais les heures n'avaient coulé si vite pour elle. Bientôt une tunique fut achevée, elle se mit à la seconde.

Au milieu de sa besogne, le son du cor se fit entendre dans les montagnes et remplit la jeune fille de terreur. Comme ce bruit se rapprochait de plus en plus, avec des aboiements de chiens, elle rentra promptement dans la caverne, ramassa toutes les orties, en fit un paquet, et s'assit dessus pour les cacher.

Un moment après, un gros chien sortit des broussailles, puis un autre, et un autre encore. Ils disparurent en aboyant, et revinrent bientôt après ; au bout de quelques minutes, tous les chasseurs arrivèrent, et le plus beau, qui était le roi du pays, s'approcha d'Élisa. Jamais il n'avait vu une aussi jolie fille.

« Comment es-tu venue ici, charmante enfant? »

Élisa secoua la tête, car la vie de ses frères dépendait de son silence, et cacha ses mains sous son tablier pour que le roi ne découvrît pas ses souffrances.

« Viens avec moi, continua-t-il ; tu ne peux rester ici. Si tu es aussi bonne que tu es belle, je t'habillerai de soie et de velours, je mettrai une couronne d'or sur ta tête, et je te donnerai mon plus riche château pour résidence. »

Puis il la plaça sur son cheval. Elle pleurait et
se tordait les mains, mais le roi dit : « Je ne veux
que ton bonheur ; un jour tu m'en sauras gré. »
Il partit à travers les montagnes, tenant la jeune
fille devant lui, et suivi de tous les autres chasseurs.

A l'approche de la nuit, on aperçut la magnifique capitale avec ses églises et ses coupoles. Le
roi conduisit Elisa dans son château, où des jets
d'eau s'élevaient dans de hautes salles de marbre dont les murs et les plafonds étaient couverts
de peintures admirables. Mais, au lieu de regarder toute cette magnificence, Élisa pleurait et se
désolait. Cependant les dames du château la re-
vêtirent d'habits royaux, tressèrent des perles
dans ses cheveux et couvrirent ses mains blessées
de gants fins et moelleux.

Elle était si admirablement belle dans cette pa-
rure que tous les courtisans s'inclinèrent devant
elle jusqu'à terre, et que le roi la choisit pour
épouse, quoique l'archevêque secouât la tête en
murmurant que cette jolie fille de la forêt n'était
peut-être qu'une sorcière qui éblouissait les yeux
et ensorcelait le cœur du roi.

Mais le roi, sans y prendre garde, fit jouer de la
musique et servir les plats les plus exquis. Les
plus belles filles du pays formèrent des danses
autour d'Élisa, et la conduisirent par des jardins

parfumés dans des salons magnifiques. Cependant
aucun sourire ne parut sur ses lèvres ou dans ses
yeux ; la douleur seule s'y montrait comme son
éternel partage.

Enfin le roi ouvrit la porte d'une petite chambre où Élisa devait dormir ; cette pièce était ornée
de précieux tapis verts qui rappelaient exactement la caverne d'où elle sortait. Sur le sol se
trouvait le paquet de filasse provenant des orties,
et au plafond était suspendue la tunique qu'elle
avait tissée. Un des chasseurs avait emporté tout
cela comme des curiosités.

« Tu pourras rêver ici à ton ancienne demeure,
dit le roi ; voici le travail qui t'a occupée ; au milieu de la splendeur qui t'entourera, tu seras contente de penser quelquefois au temps passé. »

En voyant les objets qu'elle avait tant à cœur
de garder, Élisa sourit, et le sang reparut sur
ses joues. Elle pensa au salut de ses frères, et
baisa la main du roi, qui la pressa sur son cœur
et fit annoncer leur mariage au son de toutes les
cloches. La belle fille muette de la forêt était devenue la reine du pays. Il est vrai que quelques
méchants propos arrivèrent jusqu'à l'oreille du
roi, mais il ne les prit pas à cœur, et le mariage
fut célébré. L'auteur de ces propos lui-même fut
obligé de placer la couronne sur la tête d'Élisa,
et il eut la méchanceté de la serrer outre mesure

autour du front. Mais Élisa n'en ressentit aucune
douleur, car il n'y avait pas pour elle d'autre
tourment que la destinée de ses frères. Quoique
sa bouche fût muette, puisqu'une seule parole
leur eût coûté la vie, ses regards témoignaient
une profonde affection pour le bon roi qui ne voulait que son bonheur. Tous les jours elle l'aimait
de plus en plus: aussi elle aurait pu se confier à
lui et lui raconter ses souffrances, mais il fallait
qu'elle restât muette pour mener son œuvre à
bonne fin. La nuit elle se rendait secrètement dans
la petite chambre décorée comme la caverne, elle
y acheva six tuniques l'une après l'autre. Elle allait recommencer la septième, lorsque la filasse
manqua. Elle savait bien que les orties indispen-
sables à son travail poussaient au cimetière, mais
elle était obligée de les cueillir elle-même, et
comment y arriver?

« Ah! qu'est-ce que la douleur de mes doigts
en la comparant à celle de mon cœur? je me ris-
querai; le bon Dieu me viendra en aide. »

Tremblante comme si elle allait commettre une
mauvaise action, elle se glisse à la lueur de la
lune dans le jardin, parcourt les longues allées,
traverse les rues solitaires, et arrive au cimetière.
Elle y aperçoit, sur une des plus larges pierres
tumulaires, un cercle d'affreuses sorcières qui dé-
terrent les cadavres et en dévorent la chair. Élisa

est obligée de passer devant elles; les sorcières
la poursuivent de leurs regards infernaux, mais
la jeune fille récite sa prière, cueille les orties
brûlantes, et les rapporte au château.

Mais un des courtisans l'avait vue; il se per-
suada que la reine n'était qu'une sorcière qui
avait trompé le roi et tout le peuple. Le roi eut
bientôt connaissance de tout ce qui s'était passé;
deux grosses larmes roulaient sur ses joues, et il
eut le cœur déchiré par un doute cruel. Pendant
plusieurs nuits, il feignit de dormir; mais il voyait
Élisa se lever, et il la suivait tout doucement jusqu'à la petite chambre où elle entrait.

L'air du roi devint chaque jour plus sombre; la
pauvre reine s'en aperçut sans en deviner la cause,
et ce chagrin vint encore augmenter les souffrances qu'elle éprouvait au sujet de ses frères. Ses
larmes tombaient sur les velours et la pourpre
comme des diamants étincelants; cependant elle
ne perdit pas courage, poursuivit son travail, et
bientôt il ne manqua plus qu'une tunique. Il lui
fallait aller une dernière fois au cimetière pour
cueillir des orties. Elle songeait avec angoisse à
ce voyage solitaire et aux affreuses sorcières, mais
sa volonté était ferme comme sa confiance en
Dieu.

Elle se mit donc en route, mais le roi et le méchant courtisan la suivirent. Ils la virent entrer

dans le cimetière, et plus loin ils aperçurent les
sorcières consommant leur épouvantable sacri-
lége. Le roi se détourna avec horreur, en pensant que la tête qui s'était reposée sur sa poitrine
appartenait à l'un de ces monstres.

« Que le peuple la juge ! » s'écria-t-il ; et le peuple la condamna aux flammes.

Arrachée aux salles splendides, la malheureuse
fut conduite dans un cachot horrible, où le vent
sifflait à travers une fenêtre grillée. Au lieu de
velours et de soie, elle n'eut pour coussin que le
paquet d'orties qu'elle venait de cueillir. Les tuniques brûlantes qu'elle avait tissées durent lui
servir de couvertures, et cependant il était impossible de rien lui offrir de plus agréable. Elle reprit son travail, en adressant des prières au ciel.
En attendant, les enfants entonnaient dans la rue
des chansons injurieuses pour elle, et pas une
âme ne la consolait par une parole affectueuse.

Soudain, vers le soir, une aile de cygne apparut
près de la petite fenêtre ; c'était le plus jeune des
frères qui avait retrouvé sa sœur. Élisa se mit à
sangloter de joie, bien que la nuit prochaine dût
être pour elle la dernière ; mais son travail était
presque achevé, et ses frères n'étaient pas loin.

On envoya près d'elle un magistrat pour qu'elle
fît la confession de ses crimes. A la vue de cet
homme, Élisa secoua la tête en le priant du regard

et du geste de ne pas insister. Elle devait, cette dernière nuit, terminer son travail, sans quoi ses tourments, ses larmes, et ses longues veillées, tout eût été perdu. Le magistrat se retira donc en proférant des menaces ; mais Élisa, forte de son innocence, continua sa tâche.

Les petites souris apportèrent à ses pieds les orties pour lui venir en aide, et un merle, posé sur la grille de la fenêtre, chanta toute la nuit pour soutenir son courage.

Une heure avant le lever du soleil, les onze frères se présentèrent à la porte du château, demandant à être introduits près du roi. On leur répondit que c'était impossible ; il faisait encore nuit, le roi dormait, et personne n'oserait le réveiller. Ils prièrent et menacèrent, de sorte qu'on fut obligé d'appeler les gardes. A ce bruit, le roi sortit et demanda ce qu'il y avait ; mais, au même instant, le soleil se montra, et les onze frères disparurent : seulement, onze cygnes sauvages s'élevèrent au-dessus du château.

La foule accourut aux portes de la ville pour voir brûler la sorcière. Un cheval décharné traînait la charrette où elle était assise, affublée d'une blouse de grosse toile. Sa longue et belle chevelure tombait autour de sa tête, ses joues étaient d'une pâleur mortelle, et ses lèvres s'agitaient doucement, tandis que ses doigts tissaient toujours la filasse verte. Même sur le chemin de la mort, elle n'avait pas voulu interrompre son travail. Les dix tuniques étaient à ses pieds; elle achevait la onzième.

Cependant la populace se moquait d'elle et l'injuriait. « Regardez donc comme elle marmotte, la sorcière ! Ce n'est pas un livre de prières qu'elle tient à la main ! Elle continue ses maléfices jusqu'au dernier moment. Arrachons-lui cette mauvaise étoffe pour la déchirer en mille morceaux ! »

Des mains brutales allaient saisir l'infortunée, lorsque parurent les onze cygnes blancs; ils se placèrent autour d'elle, sur la charrette, et agitèrent leurs grandes ailes. La foule recula effrayée.

« C'est un avertissement du ciel; elle est sans doute innocente, » dirent quelques-uns tout bas; mais personne n'osait répéter ces paroles à haute voix.

En ce moment le bourreau prit la main de la victime; alors elle jeta promptement les onze tuniques sur les cygnes, et, à l'instant même, ils se changèrent en onze beaux princes. Le plus jeune avait encore une aile à la place d'un bras, une des manches de la tunique n'étant pas achevée.

« Je puis donc parler, s'écria l'heureuse sœur; sachez que je suis innocente. »

Et le peuple, voyant ce qui se passait, s'inclina devant elle comme devant une sainte; mais la

reire, succombant à tant d'émotion, tomba éva-
nouie dans les bras de ses frères.

« Oui, elle est innocente ! » dit le frère aîné, et
il raconta toute la vérité. Pendant son récit, il se
répandait un parfum pareil à celui de mille roses, car chacun des morceaux de bois qui formaient le bûcher avait pris tout à coup racine et
se couvrait de feuilles et de fleurs. Le lieu du supplice s'était transformé en un épais bosquet de
rosiers rouges, au-dessus desquels brillait une
fleur blanche comme une étoile. Le roi cueillit
cette fleur et la posa sur le cœur d'Élisa, qui revint à elle et qui montra sur sa figure l'expression de la paix et du bonheur.

Toutes les cloches des églises se mirent en
branle d'elles-mêmes ; les oiseaux accoururent en
bandes joyeuses, et jamais roi n'eut un cortége
comme celui qui ramena au château les deux
jeunes époux.

LE ROSSIGNOL.

En Chine, vous devez bien le savoir, l'empereur est un Chinois, et tous ceux qui l'entourent sont aussi des Chinois. Il y a bien des années, — hâtez-vous donc d'écouter cette histoire qui sera bientôt oubliée, — le château de l'empereur était le plus magnifique du monde, tout entier de porcelaine si précieuse, si fragile, si délicate qu'il fallait prendre bien garde d'y toucher. Dans le jardin, on voyait les fleurs les plus merveilleuses; les plus belles portaient de petites clochettes d'argent qui sonnaient toutes les fois que quelqu'un passait, pour qu'il n'oubliât pas de regarder les fleurs. Oui, tout ce qu'il y avait dans le jardin de l'empereur était bien joliment disposé, et ce jardin s'étendait si loin, que le jardinier lui-même n'en avait jamais vu le bout. En avançant toujours, on arrivait dans une forêt superbe, remplie d'arbres élevés et coupée de lacs; cette forêt s'étendait jusqu'à la mer, qui était, sur les bords même, bien bleue et bien profonde. De grands

navires pouvaient aborder presque sous les arbres. Un rossignol avait établi sa demeure dans
une des branches suspendues au-dessus des
flots, et il chantait si délicieusement que les
pauvres pêcheurs, préoccupés pourtant de bien
d'autres choses, s'arrêtaient pour l'écouter pendant la nuit, au lieu de marcher pour retirer
leurs filets.

« Ah Dieu ! que c'est beau ! » disaient-ils. Cependant ils étaient obligés de songer à leur travail et de renoncer aux chants de l'oiseau; mais,
la nuit suivante, ils s'arrêtaient de nouveau et
s'écriaient encore : « Ah Dieu ! que c'est beau ! »

De tous les pays du monde, les voyageurs se
dirigeaient vers la ville de l'empereur. Tous en
étaient émerveillés, ainsi que du château et du
jardin; mais lorsqu'ils avaient entendu le rossignol, ils disaient tous : « Voilà ce qui est le plus
prodigieux ! »

Et les voyageurs, à leur retour, racontaient
toutes ces merveilles, et les savants composèrent
des ouvrages sur la ville, sur le château et sur
le jardin. Le rossignol ne fut point oublié; il eut
même la meilleure part, et ceux qui savaient faire
des vers écrivirent de brillants poëmes en l'honneur du rossignol de la forêt, qui chantait près
du grand lac.

Ces livres se répandirent, et quelques-uns arrivèrent jusqu'à l'empereur. Il prit alors une chaise d'or et se mit à les lire. A chaque instant il hochait la tête, tant il était ravi de ces magnifiques descriptions du château, de la ville et du jardin. Mais le rossignol est sans contredit ce qui est le plus prodigieux! voilà ce que disait le livre.

« Qu'est-ce donc? dit l'empereur; le rossignol? Je ne connais pas. Il se trouve donc un pareil oiseau dans mon empire et même dans mon jardin? Je n'en ai jamais entendu parler, et ce sont les livres qui me l'apprennent! »

Puis il appela son aide de camp. Celui-ci était tellement fier, que, toutes les fois qu'un inférieur osait lui adresser la parole, il ne daignait jamais répondre que : « Peuh! » ce qui n'a pas grande signification.

« Il doit y avoir ici un oiseau très-curieux qu'on appelle rossignol, dit l'empereur : on dit que c'est ce qu'il y a de plus beau dans toute l'étendue de mon empire. Pourquoi personne ne m'en a-t-il parlé?

— Je n'en ai jamais entendu parler moi-même, répondit l'aide de camp. Il n'a jamais eu l'honneur d'être présenté à la cour.

— Je veux qu'on me le présente ce soir et qu'il chante devant moi, dit l'empereur. Tout le monde connaît les trésors que je possède, et moi je ne les connais pas.

— Je n'en ai jamais entendu parler, reprit l'aide de camp, mais je le chercherai et je le trouverai. »

Mais où le trouver? L'aide de camp monta et descendit tous les escaliers, traversa les corridors et les salles, interrogea tous ceux qu'il rencontra, mais personne n'avait entendu parler du rossignol.

Il retourna donc auprès de l'empereur et dit que les gens qui avaient écrit cela dans leurs livres avaient sans doute voulu faire un conte. « Votre Majesté impériale ne peut pas imaginer tout ce qu'on s'amuse à écrire. Ce ne sont partout qu'inventions et que fantasmagories.

— Mais le livre où je l'ai lu, dit l'empereur, m'a été envoyé par le puissant empereur du Japon, et par conséquent il ne peut renfermer de mensonges. Je veux entendre le rossignol; il faut qu'il soit ici ce soir: je lui accorde ma haute faveur; et, s'il ne vient pas, j'ordonne que l'on marche sur le ventre de tous les courtisans quand ils auront soupé.

— Tsing-pé! » dit l'aide de camp, et il recommença à monter et à descendre les escaliers, et à traverser les salles et les corridors; et la moitié des courtisans le suivirent, car ils n'avaient pas la moindre envie qu'on leur marchât sur le ventre.

Que de questions ne fit-on pas sur le merveilleux rossignol, que tout le monde connaissait, excepté toutes les personnes de la cour?

Enfin ils rencontrèrent dans la cuisine une pauvre petite fille qui dit: « Oh mon Dieu! je connais bien le rossignol! Qu'il chante bien! On m'a donné la permission de porter tous les soirs à ma pauvre mère malade ce qui reste de la table; elle demeure là-bas près du rivage, et, lorsque je retourne chez nous, je me repose dans la forêt et j'entends chanter le rossignol. Souvent les larmes m'en viennent aux yeux, car cela me fait autant de plaisir que si ma mère m'embrassait.

— Petite cuisinière, dit l'aide de camp, je t'attacherai officiellement à la cuisine et je te donnerai la permission de regarder manger l'empereur si tu peux nous conduire auprès du rossignol, car il est invité pour aujourd'hui à la soirée de la cour. »

Ils partirent pour la forêt où le rossignol chantait d'ordinaire. Au milieu de leur marche, une vache se mit à beugler.

« Oh! dit l'aide de camp, le voilà! Quelle voix forte pour un si petit oiseau! Il me semble ma foi que je l'ai déjà entendu.

— Non, ce sont les vaches qui beuglent, dit la petite cuisinière. Nous sommes encore loin. »

Les grenouilles du marais se mirent à coasser.

« Dieu ! que c'est beau ! dit le chapelain de la cour. Je l'entends ! C'est aussi harmonieux que les petites cloches de l'église.

— Non, ce sont les grenouilles, dit la petite cuisinière, mais je pense que nous l'entendrons bientôt. »

Et voilà que le rossignol commence à chanter.

« C'est lui, dit la petite fille : écoutez ! le voilà ! »

Et elle montrait du doigt un petit oiseau gris, en haut dans les branches.

« Est-ce possible ? dit l'aide de camp : je ne me le serais jamais figuré ainsi. Quel air simple ! Il a sûrement perdu toutes ses couleurs en se voyant entouré par tant de grands personnages.

— Petit rossignol, lui cria la petite cuisinière, notre gracieux empereur désire que vous chantiez devant lui.

— Avec grand plaisir, » répondit le rossignol.

Et il se mit à chanter que ce fut un bonheur.

« C'est un véritable harmonica, dit l'aide de camp. Et regardez donc ce petit gosier, comme il travaille ! Il est bien singulier que nous ne l'ayons jamais entendu avant ce jour : il aura un grand succès à la cour.

— Chanterai-je encore une fois devant l'empe-

reur? demanda le rossignol, qui croyait que Sa
Majesté était là.

— Mon charmant petit rossignol, dit l'aide de
camp, j'ai le vif plaisir de vous inviter pour ce
soir à la fête de la cour, où vous ravirez Sa Majesté impériale avec votre chant admirable.

— Il se fait mieux entendre au milieu de la verdure que partout ailleurs; cependant j'irai volontiers, puisque l'empereur le désire. »

Dans le château on avait fait des préparatifs
extraordinaires. Les murs et les carreaux de porcelaine brillaient aux rayons de cent mille lampes
d'or; les fleurs les plus éclatantes, avec les plus
belles clochettes, garnissaient les corridors. Avec
tout le mouvement qu'on se donnait, il s'établit
un double courant d'air qui mit en branle toutes
les clochettes et empêcha de s'entendre.

Au milieu de la grande salle où l'empereur était aussi, on avait placé une baguette dorée pour le rossignol. Toute la cour était présente, et la petite cuisinière avait reçu la permission de regarder à travers la fente de la porte, car on lui avait conféré le titre officiel de *cuisinière impériale*.

On était en grande toilette et en grande tenue, et tous les yeux étaient fixés sur le petit oiseau gris auquel s'adressaient tous les mouvements de la tête de l'empereur.

Et le rossignol chantait d'une manière si admirable que les larmes en vinrent aux yeux de l'empereur. Oui, les larmes coulaient sur les joues de l'empereur, et le rossignol chantait de mieux en mieux. Sa voix allait jusqu'au fond du cœur. Et l'empereur était si content qu'il voulut que le rossignol portât sa pantoufle d'or autour du cou ; mais le rossignol refusa : sa récompense était assez grande déjà.

« J'ai vu des larmes dans les yeux de l'empereur, dit-il, c'est pour moi le plus riche trésor. Les larmes d'un empereur ont une valeur particulière. Dieu le sait, je suis suffisamment récompensé »

Et là-dessus il recommença ses chants si doux.

« Quelle coquetterie charmante ! » dit chacune des dames ; et pour ressembler au rossignol, elles se mirent de l'eau dans la bouche pour faire des roulades quand on leur parlait. Les laquais et les valets de chambre manifestèrent aussi la plus vive satisfaction ; ce qui n'est pas peu dire, car ce sont ces gens-là qui sont les plus difficiles à satisfaire.

Bref, le rossignol eut le plus grand succès.

A partir de ce jour, il lui fallut vivre à la cour. On lui donna une cage avec la permission de se promener deux fois par jour et une fois la nuit. Il était alors suivi de douze domestiques, dont chacun lui avait attaché au pied un ruban de soie qu'il avait grand soin de pas lâcher. Une telle promenade ne devait sans doute pas être des plus agréables.

Toute la ville parla dès lors de l'oiseau prodigieux ; on ne s'entretint plus que de lui. Quand deux personnes s'abordaient, l'une disait aussitôt : « Le ros.... » et avant qu'elle eût fini, l'autre avait déjà prononcé : « signol ! » et on s'était compris.

La faveur dont l'oiseau jouissait dans le public était si grande, que onze enfants de charcutiers furent appelés Rossignols, quoique leur gorge ne possédât pas une seule note harmonieuse.

Un jour l'empereur reçut un gros paquet sur lequel il y avait : « Le Rossignol. »

« Voilà sans doute un nouveau livre sur notre célèbre oiseau, » dit-il.

Au lieu d'un livre, il trouva un petit objet mécanique enfermé dans une boîte. C'était un rossignol artificiel qui devait imiter le rossignol vivant; il était tout couvert de diamants, de rubis et de saphirs.

Dès qu'on eut remonté le mécanisme, il se mit à chanter un des morceaux que le véritable rossignol chantait aussi; et en même temps on voyait remuer sa queue, sur laquelle étincelaient l'or et l'argent. Autour du cou il portait un ruban avec cette inscription: « Le rossignol de l'empereur du Japon est pauvre en comparaison de celui de l'empereur chinois. »

« C'est magnifique, » dirent tous les courtisans; et celui qui avait apporté l'oiseau artificiel reçut le titre de grand introducteur de rossignols auprès de Sa Majesté Impériale.

« Qu'on les fasse chanter ensemble; ce sera un superbe duo, » dit l'empereur.

Et on les fit chanter ensemble; mais le duo n'allait pas du tout; car le véritable rossignol chantait selon son inspiration naturelle, et l'autre obéissait au mouvement des cylindres.

« Ce n'est pas la faute de celui-ci, dit le chef d'orchestre de la cour en désignant l'oiseau artificiel; car il chante parfaitement en mesure, et on dirait qu'il a été formé à mon école. »

On le fit donc chanter seul: il eut autant de succès que le véritable, et il plaisait bien davantage aux yeux ; car il brillait autant que les bracelets et les broches des dames de la cour.

Il chanta ainsi trente-trois fois le même morceau et sans la moindre fatigue. Ses auditeurs auraient bien voulu le faire recommencer encore, mais l'empereur pensa que c'était légitimement le tour du rossignol vivant.... Mais où était-il ? Personne n'avait remarqué qu'il s'était envolé par la fenêtre pour regagner sa verte forêt.

« Qu'est-ce donc ? » dit l'empereur ; et tous les courtisans murmuraient d'indignation et accusaient le rossignol d'ingratitude. « Heureusement nous avons ici le meilleur des deux, » dirent-ils ; et ils se consolèrent en faisant chanter à l'oiseau artificiel le même morceau pour la trente-quatrième fois.

Ces messieurs n'étaient pourtant pas encore parvenus à le savoir par cœur, parce qu'il était très-difficile.

Et le chef d'orchestre manqua d'expressions pour vanter l'oiseau ; il surpassait de beaucoup, assurait-il, le rossignol véritable, non-seulement par sa robe et ses pierreries, mais aussi par son organisation intérieure.

« Car, voyez-vous, messeigneurs, et vous, grand empereur, avant tous, chez le véritable rossignol on ne peut jamais calculer sûrement les notes qui vont suivre; mais chez l'oiseau artificiel, tout est déterminé d'avance. On peut l'expliquer, on peut l'ouvrir, on peut montrer où se trouvent les cylindres, comment ils tournent, et de quelle manière les mouvements se succèdent.

— C'est notre opinion, dirent-ils tous; et le chef d'orchestre obtint le permission de montrer l'oiseau au peuple le dimanche suivant. L'empereur ordonna aussi de le faire chanter, et tous ceux qui l'entendirent furent aussi transportés que s'ils s'étaient enivrés avec du thé, ce qui est tout à fait chinois, et tous s'écrièrent en même temps: « Oh! » en levant l'index et en remuant la tête.

Mais les pauvres pêcheurs qui avaient entendu le véritable rossignol dirent: « C'est gentil; les mélodies sont semblables, mais il y manque je ne sais quoi. »

Le véritable rossignol fut banni de la ville et de l'empire.

L'oiseau artificiel eut une place d'honneur sur un coussin de soie auprès du lit de l'empereur. Tout l'or, tous les bijoux qu'on lui avait offerts étaient étalés autour de lui. Il avait reçu le titre de grand chanteur impérial du dessert de l'empereur, place qui était classée au numéro un du côté gauche, suivant la hiérarchie officielle des fonctionnaires de la cour: car l'empereur regardait ce côté comme le plus important, à cause de la place du cœur; vous devez bien savoir qu'un empereur même a le cœur à gauche.

Et le chef d'orchestre composa un ouvrage de vingt-cinq volumes sur l'oiseau artificiel : le livre était si long et si savant, et tellement rempli des mots chinois les plus difficiles, que chacun se vantait de l'avoir lu et compris : sans cela, on se serait soi-même rangé au nombre des niais et on se serait exposé à se faire marcher sur le ventre.

Tel fut l'état des choses pendant toute une année. L'empereur, la cour et tout le peuple chinois savaient par cœur chaque petit glou-glouk de de l'oiseau artificiel. Cette raison même leur rendit l'air d'autant plus agréable, puisqu'ils pouvaient à leur choix ou le chanter ou l'accompagner. Les gamins des rues chantaient tzi, tzi, tzi-glou, glouk, glou! et l'empereur faisait chorus avec eux. Si vous saviez comme c'était beau !

Mais un soir que l'oiseau mécanique chantait de son mieux, et que l'empereur l'écoutait dans son lit avec délices, on entendit tout à coup dans l'intérieur du corps, crac, puis! br-rr-ou-ou; toutes les roues prirent le galop, et la musique s'arrêta subitement.

L'empereur sauta hors du lit et envoya chercher son médecin ordinaire, mais celui-ci n'y put

rien. Ensuite on fit venir un horloger qui réussit
en effet, après beaucoup de paroles et un long
examen, à réparer l'oiseau ; mais il recommanda
de le bien ménager, parce que les pivots étaient
usés, et qu'il était impossible d'en introduire de
neufs.

Quelle désolation ! On ne pouvait plus faire
chanter l'oiseau artificiel qu'une fois par an, et
cette fois même était presque de trop. Mais, à
chaque séance solennelle, le chef d'orchestre fit
un petit discours rempli de mots inintelligibles,
où il expliquait que le chant était plus parfait que
jamais, et après une telle affirmation, le chant
était plus parfait que jamais.

Cinq années s'étaient écoulées ainsi, lorsque le
pays fut plongé dans une profonde douleur. Les
Chinois aimaient beaucoup leur empereur, mais il
tomba malade et l'on disait qu'il allait mourir.
Déjà on avait élu un nouvel empereur, et le peuple était assemblé sur la place. On demanda à
l'aide de camp comment se trouvait le vieil empereur.

« Peuh! » répondit-il en secouant la tête.

L'empereur était étendu pâle et froid dans son
grand lit magnifique. Toute la cour le croyait
mort; chacun courait donc saluer le nouvel empereur.

Les domestiques répandirent la nouvelle partout, et les femmes de chambre avaient profité de l'occasion pour donner un thé. Partout, dans les corridors et dans les salles, on avait placé des tapis pour amortir le bruit des pas ; tout le château était triste et silencieux! Mais l'empereur n'était pas mort. Seulement, il était toujours étendu pâle et froid dans son grand lit garni de rideaux de velours avec des embrasses d'or ; à travers une fenêtre, la lune projetait la lumière sur lui et sur l'oiseau protégé.

Le pauvre empereur pouvait à peine respirer ; il était aussi oppressé que si quelqu'un lui eût marché sur la poitrine ; il ouvrit les yeux, et vit que c'était la Mort qui s'était mis sur la tête sa couronne d'or, et qui tenait d'une main son sabre et de l'autre son riche drapeau. Tout autour, dans les plis des grands rideaux de velours, il aperçut des têtes bizarres, dont quelques-unes semblaient affreuses et les autres douces et souriantes. C'étaient les bonnes et les mauvaises actions de l'empereur qui se présentaient pour assister à sa dernière heure.

« Te souviens-tu de ceci? lui dirent-elles tout bas l'une après l'autre. Te souviens-tu de cela? »

Et elles lui racontèrent bien des choses qui lui firent couler la sueur du front.

« Je n'ai jamais rien su de pareil! dit l'empereur. De la musique, de la musique! Qu'on apporte le grand tam-tam chinois pour que je n'entende plus ce qu'elles disent! »

Et les figures continuèrent de parler, et la Mort répondait par un hochement de tête chinois à tout ce qu'elles disaient.

« De la musique, de la musique! répéta l'empereur. Toi, petit oiseau d'or, chante, chante donc! Je t'ai donné tant d'or et tant de diamants! J'ai même suspendu ma pantoufle autour de ton cou. Veux-tu chanter? »

Mais l'oiseau restait muet. Il n'y avait personne pour le remonter, et sans ce secours il n'avait pas de voix.

Et la Mort continuait de tourner vers l'empereur ses orbites creuses. Et le silence se prolongeait d'une manière effroyable.

Alors tout à coup, près de la fenêtre, se fit entendre un chant ravissant : c'était le petit rossignol de la forêt qui chantait sur une branche. Il avait appris la maladie de l'empereur, et il venait lui apporter de l'espoir et de la consolation. Grâce au charme de sa voix, les visions devenaient de plus en plus pâles, le sang circulait de plus en plus vivement dans les membres affaiblis de l'empereur, et la Mort même écoutait en disant : « Continue, petit rossignol, continue.

— Oui, répondit le rossignol, si tu veux me

donner ton beau sabre d'or, et ton riche drapeau, et la couronne de l'empereur. »

Et la Mort donnait à mesure chaque joyau pour une chanson, et le rossignol continuait toujours; il disait le cimetière paisible où poussent les roses blanches, où le tilleul répand ses parfums, où l'herbe fraîche est arrosée des larmes des survivants.

Et la Mort fut prise du désir de retourner à son jardin, et s'évanouit par la fenêtre comme un brouillard froid et blanc.

« Merci, merci, dit l'empereur. Merci, petit oiseau céleste; je te reconnais bien; je t'ai chassé de ma ville et de mon empire, et cependant tu as mis en fuite les méchantes figures qui assiégeaient mon lit; tu as éloigné la Mort de mon cœur. Comment pourrais-je te récompenser?

— Tu m'as déjà récompensé, dit le rossignol. J'ai arraché des larmes à tes yeux, la première fois que j'ai chanté. Je ne l'oublierai jamais; ce sont les diamants qui touchent l'âme d'un chanteur. Mais maintenant dors, pour reprendre tes forces et te rétablir : je continuerai de chanter. »

Et pendant qu'il chantait, l'empereur fut pris d'un doux sommeil, d'un sommeil calme et bienfaisant.

Le soleil brillait à travers la fenêtre lorsqu'il se réveilla fort et guéri. Aucun de ses serviteurs n'était revenu auprès de lui; on le croyait toujours mort. Le rossignol seul était resté fidèlement à son poste.

« Tu resteras toujours auprès de moi, dit l'empereur; tu chanteras quand il te plaira, et l'oiseau artificiel, je le briserai en mille morceaux.

— Épargne-le, dit le rossignol; il a fait le bien tant qu'il a pu; garde-le toujours. Pour moi, je ne puis ni bâtir mon nid ni demeurer dans le château; laisse-moi venir quand bon me semblera. Le soir, je chanterai sur la branche près de ta fenêtre pour t'égayer et te faire réfléchir : je chanterai les heureux et ceux qui souffrent, je chanterai le bien et le mal, tout ce qui n'est pas connu de toi : car le petit oiseau vole partout, jusqu'à la cabane du pauvre pêcheur et du laboureur, qui tous les deux vivent si loin de toi et de ta cour. J'aime ton cœur plus que ta couronne, et cependant il sort d'une couronne un parfum saint et céleste. Je viendrai et je chanterai ; mais promets-moi seulement une chose.

— Tout! répondit l'empereur, qui s'était revêtu de son costume impérial et qui pressait contre son cœur son sabre d'or.

— Une seule chose : ne raconte à personne que tu as un petit oiseau qui t'informe de tout. Crois-moi, tout n'en ira que mieux. »

Et le rossignol s'envola.

Un instant après les courtisans et les serviteurs entrèrent pour voir une dernière fois leur défunt empereur.

..... Et voilà qu'ils restaient tout ébahis; mais l'empereur leur dit tout bonnement : *Bonjour*.

LE CHANVRE.

Le chanvre était en fleur. Ses fleurs sont bleues, admirablement belles, molles comme les ailes d'un moucheron et encore plus fines. Le soleil répandait ses rayons sur le chanvre, et les nuages l'arrosaient, ce qui lui faisait autant de plaisir qu'une mère en fait à son enfant lorsqu'elle le lave et lui donne un baiser. L'un et l'autre n'en deviennent que plus beaux.

« J'ai bien bonne mine, à ce qu'on dit, murmura le chanvre ; je vais atteindre une hauteur étonnante, et je deviendrai une magnifique pièce de toile. Ah ! que je suis heureux ! Il n'y a personne qui soit plus heureux que moi ! Je me porte à merveille, et j'ai un bel avenir ! La chaleur du soleil m'égaye, et la pluie me charme en me rafraîchissant ! Oui, je suis heureux, heureux on ne peut plus !

— Oui, oui, oui, dirent les bâtons de la haie, vous ne connaissez pas le monde ; mais nous avons de l'expérience, nous. »

Et ils craquèrent lamentablement, et chantè--
rent :

> Cric, crac ! cric, crac ! crac !
> C'est fini ! c'est fini ! c'est fini !

« Pas sitôt, répondit le chanvre ; voilà une bonne
matinée, le soleil brille, la pluie me fait du bien,
je me sens croître et fleurir. Ah ! je suis bien heureux ! »

Mais un beau jour il vint des gens qui prirent
le chanvre par le toupet, l'arrachèrent avec ses
racines, et lui firent bien mal. D'abord on le mit
dans l'eau comme pour le noyer, puis on le mit
au feu comme pour le rôtir. O cruauté !

« On ne saurait être toujours heureux, pensa le
chanvre ; il faut souffrir, et souffrir c'est apprendre. »

Mais tout alla de pis en pis. Il fut brisé, peigné,
cardé, sans y comprendre un mot. Puis on le mit
à la quenouille, et rrrout ! il perdit tout à fait la
tête.

« J'ai été trop heureux, pensait-il au milieu des
tortures ; les biens qu'on a perdus, il faut encore
s'en réjouir, s'en réjouir. » Et il répétait : « s'en
réjouir, » que déjà il était, hélas ! mis au métier,
et devenait une magnifique pièce de toile.

Les mille pieds de chanvre ne faisaient qu'un
morceau.

« Vraiment ! c'est prodigieux ; je ne l'aurais jamais cru ; quelle chance pour moi ! Que chantaient donc les bâtons de la haie avec leur

Cric, crac ! cric, crac ! crac !
C'est fini ! c'est fini ! c'est fini !

« Mais.... je commence à peine à vivre. C'est prodigieux ! Si j'ai beaucoup souffert, me voilà maintenant plus heureux que jamais ; je suis si fort, si doux, si blanc, si long ! C'est une autre condition que la condition de plante, même avec les fleurs. Personne ne vous soigne, et vous n'avez jamais d'autre eau que celle de la pluie. Maintenant, au contraire, que d'attentions ! tous les matins les filles me retournent, et tous les soirs on m'administre un bain avec l'arrosoir. La ménagère de M. le curé a même fait un discours sur moi, et a prouvé parfaitement que je suis le plus beau morceau de la paroisse. Je ne saurais être plus heureux ! »

La toile fut portée à la maison et livrée aux ciseaux. On la coupait, on la coupait, on la piquait avec l'aiguille. Ce n'était pas très-agréable ; mais en revanche elle fit bientôt douze morceaux de linge, douze belles chemises.

« C'est à partir d'aujourd'hui seulement que je suis quelque chose. Voilà ma destinée ; je suis béni, car je suis utile dans le monde. Il faut cela pour être content soi-même. Nous sommes douze morceaux, c'est vrai, mais nous formons un seul corps, une douzaine. Quelle incomparable félicité ! »

Les années s'écoulèrent : c'en était fait de la toile.

« Il faut que toute chose ait sa fin, murmura chaque pièce. J'étais bien disposée à durer encore, mais pourquoi demander l'impossible ? »

Et elles furent réduites en lambeaux et en chiffons, et crurent cette fois que c'était leur fin finale, car elles furent encore hachées, broyées et cuites, le tout sans y rien comprendre. Et voilà qu'elles étaient devenues de superbe papier blanc.

« Ô surprise ! ô surprise agréable ! s'écria le papier, je suis bien plus fin qu'autrefois, et l'on va me charger d'écritures. Que n'écrira-t-on pas sur moi ? Ma chance est sans égale. »

Et l'on y écrivit les plus belles histoires, qui furent lues devant de nombreux auditeurs et les rendirent plus sages. C'était un grand bienfait pour le papier que cette écriture.

« Voilà certes plus que je n'ai rêvé lorsque je portais mes petites fleurs bleues dans les champs. Comment deviner que je servirais un jour à faire la joie et l'instruction des hommes ? Je n'y comprends vraiment rien, et c'est pourtant la vérité.

Dieu sait si j'ai jamais rien entrepris : je me suis contenté de vivre, et voilà que de degrés en degrés il m'a élevé à la plus grande gloire. Toutes les fois que je songe au refrain menaçant : « C'est fini ! c'est fini ! » tout prend au contraire un aspect plus beau, plus radieux. Sans doute je vais voyager, je vais parcourir le monde entier pour que tous les hommes puissent me lire ! Autrefois je portais de petites fleurs bleues ; mes fleurs maintenant sont de sublimes pensées. Je suis heureux, incomparablement heureux. »

Mais le papier n'alla pas en voyage ; il fut remis à l'imprimeur, et tout ce qu'il portait d'écrit fut imprimé pour faire un livre, des centaines de livres qui devaient être une source de joie et de profit pour une infinité de personnes. Notre morceau de papier n'aurait pas rendu le même service, même en faisant le tour du monde. A moitié route il aurait été usé.

« C'est très-juste, ma foi ! dit le papier ; je n'y avais pas pensé. Je reste à la maison et j'y suis honoré comme un vieux grand-père ! c'est moi qui ai reçu l'écriture, les mots ont découlé directement de la plume sur moi, je reste à ma place, et les livres vont par le monde ; leur tâche est belle assurément, et moi je suis content, je suis heureux !

Le papier fut mis dans un paquet et jeté sur

une planche. « Il est bon de se reposer après le travail, pensa-t-il. C'est en se recueillant de la sorte que l'on apprend à se connaître. D'aujourd'hui seulement je sais ce que je contiens, et se connaître soi-même, voilà le véritable progrès. Que m'arrivera-t-il encore? Je vais sans nul doute avancer, on avance toujours. »

Quelque temps après, le papier fut mis sur la cheminée pour être brûlé, car on ne voulait pas le vendre au charcutier ou à l'épicier pour habiller des saucissons ou du sucre. Et tous les enfants de la maison se mirent à l'entourer; ils voulaient le voir flamber, et voir aussi, après la flamme, ces milliers d'étincelles rouges, qui ont l'air de se sauver et s'éteignent si vite l'une après l'autre. Tout le paquet de papier fut jeté dans le feu. Oh! comme il brûlait! Ouf! ce n'est plus qu'une grande flamme. Elle s'élevait la flamme, tellement, tellement que jamais le chanvre n'avait porté si haut ses petites fleurs bleues; elle brillait comme jamais la toile blanche n'avait brillé. Toutes les lettres, pendant un instant, devinrent toutes rouges. Tous les mots, toutes les pensées s'en allèrent en langues de feu.

« Je vais monter directement jusqu'au soleil, » disait une voix dans la flamme, et on eût dit mille voix réunies en une seule. La flamme sortit par le haut de la cheminée, et au milieu d'elle volttigeaient de petits êtres invisibles à l'œil des hommes. Ils égalaient justement en nombre les fleurs qu'avait portées le chanvre. Plus légers que la flamme qui les avait fait naître, quand celle-ci

fut dissipée, quand il ne resta plus du papier que la cendre noire, ils dansaient encore sur cette cendre, et formaient en l'effleurant des étincelles . rouges.

Les enfants de la maison chantaient autour dde la cendre inanimée :

Cric, crac ! cric, crac ! crac !
C'est fini ! c'est fini! c'est fini !

Mais chacun des petits êtres disait : « Non, cce n'est pas fini; voici précisément le plus beau dde l'histoire! Je le sais, et je suis bien heureux. »

Les enfants ne purent ni entendre ni comprendre ces paroles; du reste, ils n'en avaient paas besoin : les enfants ne doivent pas tout savoir.

FIN.

TABLE DES MATIÈRES.

FIN DE LA TABLE DES MATIÈRES

11755 PARIS. — TYPOGRAPHIE LAHURE

Rue de Fleurus, 9

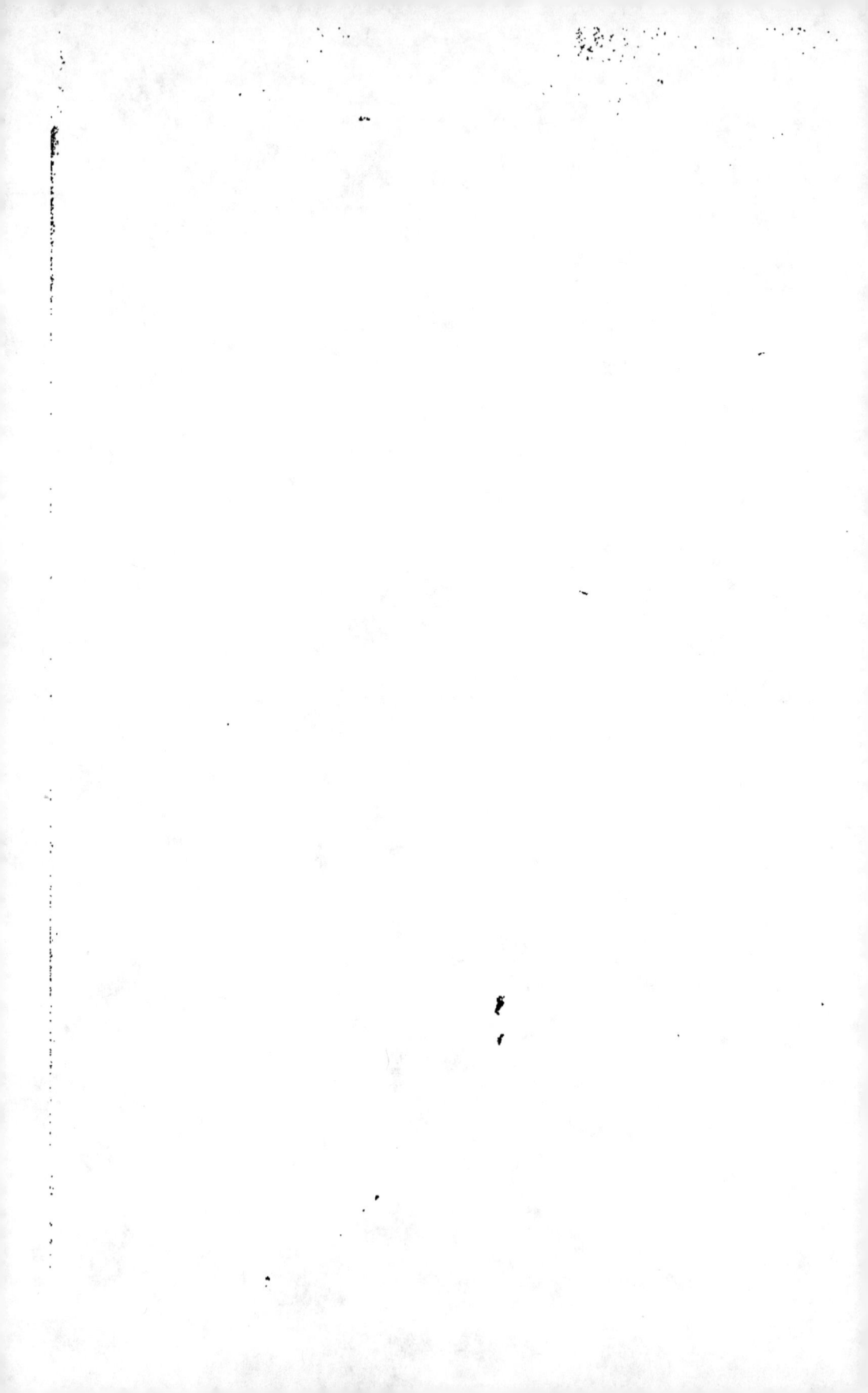

www.ingramcontent.com/pod-product-compliance
Lightning Source LLC
Chambersburg PA
CBHW071627270326
41928CB00010B/1813